人生を全力で生き抜くための

# DEATH MIND

デスマインド

野田和裕
葬儀終活実践アドバイザー

ぱる出版

# はじめに

**あなたはあと、何年ぐらい生きるつもりですか？**
**何年ぐらい生きられると思っていますか？**

いきなりこんな質問をされて、「なんてことを聞くんだ」「失礼な奴だな」と思われたかもしれません。

でも、なぜ、あなたは「失礼な奴」と感じたのでしょうか？
ちょっとだけ我慢して、ご一緒に考えてみていただけませんか？
「失礼な奴」と感じた理由。それは……

「自分の死について、親しくもない人に語りたくない」
「長生きをしたら悪いのか？」

「人生の終わりは自分で決められないから答えようがない」
「死について考えるなんて気持ちが暗くなる」

と感じているからではないでしょうか？

そう、私たちは「人生の終わり」がいつ来るのか、ほとんどの人が知りません。それでも毎日を生きています。

では重ねて質問をします。

**何年ぐらい生きるのか、生きられるのか「わからない」なら、あなたは今日をどう生きますか？どんな風に生きたいですか？**

これも、すぐには答えが出ない人の方が多いと思います。どうしてでしょう？
「いつまで生きるかなんて、考えてもわからない。そんなことを前提に、今日をどう生きるかなんて、もっとわからない。考えられない」というところでしょうか？

私はこうした「考えてもわからないから考えない」方が多いのは、**いつか自分にも訪れる「死」というものを、あえて意識しないようにしているから**だと感じています。

私たちの人生において、どんな人にも平等に、確実に起きること。それは、いつかこの人生が終わる日――つまり「死」が待っている、ということです。生まれたその瞬間から、あなたも私も「死」に向かって歩いています。

私たちの人生に必ず来る「最後の日」。わかっているのに、それに向かって何も用意をしないのは不思議だと思いませんか？

例えば、旅行であれば「ああ、来週から旅行だな。その日までに荷物を詰めなきゃ」と考えたり、もっと手前で列車や飛行機のチケットの手配をしたり、宿泊先を決めたりすると思います。もちろん旅行は、台風などの気象状況で延期になったり、中止になったりすることもあり得ます。それでも私たちは準備をします。

それなのに、**延期にも中止にもならない「最後の日」に向かって、何も準備をしないのはなぜなのでしょう？**

もしかして、心の中に「死」について考えることが怖い、考えたくない、という気持ちがあるから、準備をしないことを選んでいる可能性はありませんか？

ここで残念なことをお知らせしなければなりません。

いくら怖い、考えたくない、と思っていても、あなたの人生には必ず終わりの時が訪れます。いつか、はわかりませんが、永遠に生きる人はいません。**100％の確率で、あなたは死ぬ**のです。あなただけではありません。著者である私も含め、この地上の生きとし生けるものは、すべて死んでしまうのです。

「そんなことは知っているし、わかっている。だけど考えたくない」と思う方も多いでしょう。でも、だからこそ「人生の終わり」を見つめて、逆算して「今、この瞬間に何をするべきか」と考えるマインドへチェンジすることができたら、これまでのあなたとは全く違ったものの見方、それに伴う結果を呼び寄せることができるようになります。

なぜなら**「死」を意識することで、あなたの生き方が大きく変わるから**です。人との結びつきも仕事への情熱ももっと強くなり、人生を全力で生き抜く力が湧き、それに伴った結果もついてくるからです。

私はキリスト教専門の葬儀社を経営しています。27年間この仕事に携わり、4000人を超える方々の葬儀に関わってきました。関わった葬儀には1つとして同じものはありません。つまり私は、4000通りの「死」に立ち会ってきたのです。

その中で、ふと気になり始めたことがありました。葬儀には、旅立ちまでの準備をしっかりとして、たくさんの人に惜しまれながら見送られる方がいる一方で、残された家族が疲労困憊のあげく、やっとの思いで見送る場合がある。この違いは何から生まれるのだろう、ということです。そのことについて考え続けた結果、**「死」を見据えた生き方をしていたかどうかが関わっている**、と気づきました。

そこで今回、この『人生を全力で生き抜くためのDEATH MIND ―デスマインド―』を執筆することにしました。世の中には多くの終活本や死生観の本が存在します。けれども私は、クリスチャンとして、そして27年間キリスト教専門の葬儀社で働いてきた経験を通して、「死を意識するからこそ前向きに生きる力」を皆さんと共有できればと思っています。終活というテーマから考える「生き方」を、もっと活き活きと、そして自分らしく生きるためのヒントとしてお伝えしたいと思っています。

「DEATH MIND ―デスマインド―」。一見、怖い言葉のように感じるかもしれません。しかし、**人は「死」を意識することで、かえって人生が輝きを増し、全力で自分らしく生きることができる**と信じています。

この本が、あなたの人生を豊かにする一助となり、「死」を見つめることで「今」をもっと大切に生きるきっかけになれば幸いです。

目次

# 第2章 人生100年時代の嘘

# 第3章 安心して「死」を迎えるための7つの準備

# 第4章

# 葬儀社が見た4つの残念な旅立ち

# 第5章 私の死生観をちょっと紹介

## 第6章

## デスマインドで人生が好転する5つの理由




◎ブックデザイン・DTP 亀井文（北路社）
◎企画協力 ネクストサービス株式会社（代表 松尾昭仁）
◎編集 岩川実加

# 第1章

## 人生を切り開き、全力で生き抜く思考

DEATH MIND

# 1 デスマインドとは何か

本書のタイトルにある「DEATH MIND —デスマインド—」という言葉ですが、初めて耳にする方も多いかもしれません。それもそのはず。この言葉は、本書を通して1人でも多くの方に知ってほしい概念を表した、私の造語です。

デスマインドとは、デス（死）とマインド（思考・精神）を組み合わせた言葉であり、ここでは「死を意識し、そこから得られる思考」として考えていただきたいと思います。直訳するならば「死の思考」とも言えますが、この言葉にはもっと深い意味があります。

**私たちは、誰しもがいつか死を迎えます。この事実から目を背けず、むしろ死から逆算して今をどう生きるかを真剣に考えてみる。そうすることで、日々の生活やビジネス、人**

**間関係、そして自分の人生そのものを、より活き活きと輝くものにしてほしい。**そんな私の願いを込めているのです。

「死ぬのはいつも他人だけ（"D'ailleurs,c'est toujours les autres qui meurent."）」という言葉を聞いたことはあるでしょうか？ これはフランスの芸術家、マルセル・デュシャン(Marcel Duchamp）の墓碑銘です。彼は20世紀に活躍し、現代アートの父とも呼ばれています。

この言葉のように、私たちは「あの人も死んだ。この人も亡くなった」と理解しながらも、「だから自分もそろそろ」とは、なかなか考えられないのではないでしょうか？ **死を「自分ごと」として引き寄せて考えることは、人類に共通して難しい課題**のようです。

その理由としてはまず、日本のように「死＝穢れ」と捉える社会では、「死を考えるなんて縁起でもない」という思想が根強く、考えることすら拒む土壌があるからです。

次に人類全体に共通する理由としては、「死んだらどうなるか」を事前に学んでおくことはできないからです。死という現象が自分に訪れるときには、すでに意識が失われている場合がほとんどです。当たり前のことですが、死んでいるがゆえに死という現象を認識することができないのです。だから、「自分の死」を見た、体験したことがある人は生きていません。すると、死に関することすべてが未知の体験になります。

人間は、未知のことに対しては本能的に警戒します。そして、警戒対象が命に係わることだと、考えても解決できないと判断し、考えることを止めてしまう習性があります。だから、死を「自分ごと」として捉えることは難しいのです。

また人間は、自分以外の誰かが亡くなって、初めて死という現実を認識します。他人の死を目撃するたびに、「自分もいずれ死ぬ」ということを思い知らされる一方で、その死というものがどんな経験を伴うのか、そこで何が起きるのかを完全に理解することはできません。これは大きな矛盾であり、だからこそ恐怖を感じるのです。

結局のところ人間は、**死という避けられない現実を受け入れながらも、それをただ悲観的に捉えるのではなく、冷静に見つめる態度が大事**なのです。この「死ぬのはいつも他人だけ」という言葉は、それを端的に表していると私は感じています。死をやみくもに恐れるのではなく、それを「他人ごと」として捉えながらも、とは言えいずれは自分にもやってくることだから、「自分ごと」として考える。そうして、自分の生を、より有意義なものにしていくべきだというデスマインドの思考が、この言葉の根底にも流れているのではないでしょうか。

こうした考えは、20世紀になって急に生まれたわけではありません。

中世に建設されたキリスト教の教会の中には、骸骨が躍っているレリーフや彫像が施されたところがいくつもあります。時には、表現されている骸骨のあまりのリアルさに、グロテスクにすら感じられるものもあります。

なぜ、人々が聖書の話を聞きに集まる教会に、美しい天国の壁画や天井画だけではなく、グロテスクな骸骨のレリーフがあるのでしょうか？

それは、「**あなたもいつか必ずこうなります。生きている間はほんの一瞬です。だからこそあなたは、その間にどうやって生きるのかを考えなさい。常に自分の死を思いながら精一杯生きなさい**」という教えを、字が読めない庶民にもわかるように表すためです。

このような彫像や絵画のテーマを〝Memento Mori《メメントモリ》〟と呼びます。

Memento：ラテン語で「思い出せ」「記憶せよ」という意味。

Mori：ラテン語で「死」という意味。

2つを合わせて、「自分の死を忘れるな」「死を意識せよ」という意味です。この言葉は、死を避けられない現実として受け止めるよう促すとともに、人生を全力で生きる重要性を教えてくれるものです。

このように、人間は1000年以上前から、自分の人生にも必ず死が訪れることを受け入れ、あえて死という人生の終着点を思い描いてきました。それにより、今という瞬間のかけがえのなさ、命の尊さ、そして全力で生きる大切さを感じながら生きてきたのです。これがデスマインドを持って生きるということです。

# 2 デスマインドで人生を輝かせる生き方が叶う

私は本書を通して、皆さんがデスマインドの生き方を自らのものとし、その瞬間ごとに、自分らしく「全力で生きる」ヒントを見つけていただければと思っています。

それは、「超高齢社会」「人口減少」「国力衰退」「多死社会」といったさまざまな不安や困難を抱える現代の日本において、この現実の中で自分はどう生きるかを考え、行動していくことで、より豊かで充実した人生を築くことにもつながります。

ここで、「全力で生きる」と言うと、若くて身体も元気な人が、アクティブに生きる姿をイメージされるかもしれません。

でも、私がこの本で言う「全力で生きる」とは、アクティブとは少し違います。

私は、**自分の「やりたい」という気持ちを大切にして、それを実行することが「全力で生きる」こと**だと考えています。

例えば、「前から気になっていたあの本、この週末に読んでみよう」とか「この音楽、好きだな。ダウンロードできるか調べてみよう」といった小さなことでも、**自分の「やりたい、やってみよう」という気持ちに素直になって実行することが、「全力で生きる」こと**です。行動の大小ではなく、「やりたい」という気持ちを後回しにしないことが大切だと思うのです。

また、他の人から何かを頼まれたり、抜擢されたりしたときに、それが自分のやりたいことなのであれば、「いえいえ、私になんてとても務まりません」とむやみに謙遜して辞退するのではなく、**自分の気持ちに従ってチャンスをつかみにいくことも、「全力で生きる」こと**です。

失敗を恐れて手を出さないのではなく、「やってみたい」と思ったら手を伸ばしてみる。

一生懸命取り組んだ結果が、仮に失敗に終わってもいいのです。私たちは人間です。全知全能の存在ではないので、精一杯努力をしても、失敗することがあるのは当たり前です。

失敗は決して「ダメ」「負け」「無駄」ではありません。むしろ、失敗したからこそ得られる学びはたくさんあります。人類のこれまでの発展は、数知れないたくさんの失敗の上に成り立っています。「成功だけしかしたくない」というのでは、試行錯誤ができません。それ時には失敗しながら、粘り強く果敢に挑戦をし続けることで、試行錯誤ができます。それらの経験を通して、少しずつでも望んでいた結果に近づけていく。これこそが、人間の知的な挑戦だと言えます。

そして、**失敗を恐れずに挑戦し続けることも、「全力で生きる」こと**です。

**自分の「やりたい」という気持ちに蓋をしない。もしチャンスがあったら、迷わずつかみにいく。失敗を恐れない。**人生はいつ終わるかわかりません。生きている今だからこそ、できることを精一杯楽しみ、「全力で生きる」。

これが、デスマインド思考から導き出される「人生を輝かせる生き方」なのです。

# 3 デスマインドで「生」への感謝が生まれる

それでは、今の時代を生きるあなたがデスマインドを持つと、人生で何が変わるのかをお伝えします。

デスマインドを持つと、先ほど述べたように「挑戦したい」「やりたいことに手を伸ばしたい」という、**生きているからこそできることに積極的に取り組むように変わります。**

それ以外にも、たくさんの変化があなたに起こります。

代表的なものとして、「**生きている**」**ということそのものを喜ぶ心が目覚めます。**

いずれ儚く消えていく命とは言え、今この瞬間、あなたは生きています。望めばいろいろなことができます。

もちろん年齢や健康状態によって、さまざまな制約がある人もたくさんいらっしゃるでしょう。それでも、室内に飾られた花の香りから「ああ、いい香りだ」と感じたり、その姿の美しさに見とれたりすることはできるでしょう。死んだらそれもできないのです。

また、誰かの話で心を揺さぶられたり、勇気づけられたり、自分の体験に相手が共感してくれて嬉しくなったりすることもあるでしょう。重い荷物を運んでいたら、通りすがりの人が思いがけず手伝ってくれたときには、心からの感謝が湧き上がるでしょう。こういう心の交流も、生きているからこそできることです。

さらに、私たちの心臓も、胃も、脳も、私たちが何らかの努力をして働かせているわけではありません。身体の隅々まで血液が巡り、栄養が運ばれていくのも、私たちが何かを頑張ったからではありません。生きているからこそ、こうしたことが起きるのです。

「生きている」とは、素晴らしいことだと思いませんか？

次に、**「与えられた命」の不思議と、ありがたさを感じられます。**

与えられた命？　誰に？　そんな記憶はないけれど？

この謎を解くために、突然ですがここで質問をします。あなたは自ら望んで生まれてきましたか？　生まれてくるために努力をした記憶はありますか？

この質問には、ほぼ１００％の人が「そんなことはしていない」と答えるでしょう。私も、生まれてくるために何らかの努力をした記憶はありません。気がついたら自分がいて世界が周りにあった、というのがほとんどの方の感覚だと思います。

こうして考えると、私たちの命は「自分で努力して獲得した」ものではないようです。だとしたら**この命は誰かによって「与えられた」もの**だと考えられませんか？　その誰か、とは誰でしょう？　なぜ私たちに命を与えてくれたのでしょう？

もちろんあなたのご両親も、子どもが授かるように、そして授かった後は無事に生まれてくるように、食べ物に注意をしたり、身体に良いとされることに積極的に取り組んだりと、さまざまな努力をされたことでしょう。でもそのご両親でも、あなたが確実にこの世に生まれてこられるように、すべてを手配できたわけではありません。

妊娠から出産までの母体の変化は、あなたのお母さんが「さあ、子宮をもっと大きくしなきゃ」「出産に備えて関節を柔らかくしなきゃ」と意識的に頑張ったからできたのではありません。**誰かの見えない手によって誘導されているかのように起きる変化**なのです。これもまた「生きている」素晴らしさだと思います。

さて、「与えられた命」に話を戻しましょう。

この言葉は、時として「別に欲しくもなかったけれど、誰かが与えてくれたから、自分は今ここに生きている」という意味に捉えてしまう人もいます。けれども、この言葉にはもっと深い意味があります。それがわかると、これまでとは人生の景色の見え方がガラリと変わること、請け合いです。

21世紀の現代社会で人類の叡智を集めて研究をしても、未だに生命をゼロから誕生させることはできていません。すでにある細胞を増殖させたり、他の細胞に変化させたりすることはできます。けれどもゼロから細胞を作ることは、まだ人間にはできないのです。

ですから、あなたという人の生命は、あなたが作り出したものでも、ご両親が作り出したものでもありません。もちろん、偶然作り出されたにしては、確率が高すぎます。何か大いなるものの力が働いて作り出されたとしか考えられないのです。

クリスチャンは「命は神が与えてくださったもの」と考えています。そしてなぜ神が自分に命を与えたのか。それは神が自分の人生に何らかの意味や計画を託し、そのために自分をこの世に生まれさせたのだ、と考えています。私たちは神から託された何かをするために文字通り「与えられた命」を生きているのだと感じています。

つまり、**あなたは偶然生まれて、生きているのではありません。何らかの意味があって「与えられた命」を生きているのです。**この視点を得ると、自分が今ここに存在する価値を感じることができ、毎日を大切に過ごす理由を見出せるようになります。

しかし日本では、「私は生かされている」「人生には役割がある」という考え方は、あまり浸透していません。多くの人がただ「日々をこなす」ように生きがちです。そこにはもちろん、忙しすぎたりやることが多すぎたりする、という理由もあるでしょう。そのため、自分の存在価値や人生の目的を意識するチャンスを得られないまま、日々を過ごしているのかもしれません。

人生を与えられたものだと捉え、そこに何らかの意味があると考える。これは何も、信仰を持つことをすすめるものではありません。ただ、**自分がこの世に存在する意味や目的を少しでも感じることで、日々の出来事の積み重ねや小さな選択の1つ1つが、新たな意味を持つようになる。**そのことをお伝えしたいのです。

例えば、旅行先でとても美しい景色を見たときには「ここに来てよかった」と思うでしょう。それは、頑張って時間とお金を作った自分自身へのねぎらいです。さらに一歩進んで、

「ここに来させてもらえてよかった」と思うと、家族をはじめとした周りの人々への感謝の気持ちを抱くでしょう。そして、神様かご先祖様か、何か大いなるものからチャンスを与えられたことへの感謝の気持ちもまた、湧き上がってくると思います。こうした感謝の心は、「よし、これからもまた頑張るぞ！」という気持ちの燃料となります。

私たちは全員が「与えられた人生」を生きています。だからこそ、**毎瞬毎瞬を「全力で生きる」ことが求められている**のではないでしょうか。

デスマインドを持つと、こうしたさまざまな気づきが起こり、私たちの人生が驚きと喜びに満ちたものに変わります。デスマインド、すなわち死を意識することは、「生」への不思議と感謝を呼び起こす、究極の気づきのスイッチなのです。

# 4 人生は「やって後悔よりやらずに後悔」

ホスピスで勤めている方々の記録によると、人間が死を間近にしたときに抱く感情というのは、男女や文化を問わず似ているようです。死を目前にした人に「後悔していることはありますか?」と聞くと、**「やりたいことを先延ばしにして、結局しなかったこと」という答えが圧倒的に多い**のです。

・もっと冒険をしたかった。
・一晩中、踊ってみたかった。
・行きたいところに行ってみたかった。
・家族とゆっくり過ごしたかった。
・伴侶が望むところに一緒に行ってやりたかった。

・「ありがとう」をたくさんの人に言えばよかった。

死を間近にすると、こうした「心がワクワクすること」「大切な存在を大切にすること」「人にお礼を言うこと」など、言うならば「心が充実すること」を、もっとやればよかったと後悔する方が多いようです。ちなみに、「もっとたくさん働けばよかった」「もっとたくさんお金を儲ければよかった」という人は皆無だったそうです。

つまり人は、もう自分の人生が終わるという局面に立つと、「自分がやりたいことを、もっとやっておけばよかった」という後悔を感じる傾向にあると言えます。

これは、考えてみると、とても悲しいことではないでしょうか。**人生で最も辛いのは、死ぬ前にたくさんの後悔を残すこと**だと私は思います。しかもその時になって、「やっておけばよかった」と思うことの多くは、ある時点までであれば、自分の考えを少し変えるだけでできたわけです。それなのに自分はしない方を選んだ。今からではもうどうしてもできない。なぜあのとき自分はしない方を選んだのだろう。やっておけばよかったのに。

こんな後悔がたくさん残る人生の終わりを、あなたは迎えたいですか？

ここで少しワークをしてみたいと思います。もし「明日あなたは死にます」と言われたら、**今のあなたの人生の幸福度は何％でしょうか？** １００％でしょうか？ それとも60％？ 30％の方もいるかもしれません。これをメモしてください。

「私の人生の幸福度は今のところ　　　　　　　％」。

次に進みます。では、あなたの人生の幸福度が１００％になっていないのは、なぜなのかを考えてみましょう。

もちろん、人間として生きている限り、勉強や仕事、そして人間関係で「幸せだとは思えない瞬間」はたくさんありますね。学生だったら、苦手な科目でも試験前には頑張って勉強しなければいけません。これは「幸せ」なことではありませんね。また会社員だったら、毎朝、満員電車に乗って長時間通勤する方もいます。これも「幸せ」とは思えないですよね。苦手な人とも、クラスメイトや会社の同僚や近所の人であれば、やはり付き合わなければなりません。これも「幸せ」な体験ではないと思います。

でも、そういう「自分1人ではどうすることもできないこと」を一度除いて考えてみてください。**あなたの幸福度を今よりも上げるために必要なことや行動は何でしょうか？**

逆に考えると、**あなたの幸福度を上げる邪魔をしているものや行動は何だと感じますか？**

思いつくことを、ここにメモしてください。

「私の人生の幸福度を上げるために必要だと思われること・行動」

・・・・・

「私の人生の幸福度を上げる邪魔をしていると思われるもの・行動」

さあ、ここまで頭を整理したら、最後に質問です。**もし明日死ぬなら、あなたはその前の残された時間で、何をしたいですか？** これも書いてみましょう。思いつく限りたくさん書いてください。

このワークを最大限に活用するコツは、「そんなことをするなんてバカバカしい」とか「お金がかかりすぎる」というように、先に枠をはめないことです。「もし明日死ぬなら、あなたはその前の残された時間で何をしたいですか？」という質問に対して、あなたの心の中に浮かんだことを、そのまま書いてみることです。

・・・

「もし明日死ぬなら、私がその前の残された時間でしたいこと」

・・・

さあ、今書いていただいた答えは、どんなものだったでしょうか？　もしかしたら、それをすることで、今よりもあなたの人生の幸福度が上がるものではないですか？

この「**もし明日死ぬなら、私がその前の残された時間でしたいこと**」**こそが、数の多少にかかわらず、あなたが心の中で本当に求めていること**なのです。求めているけれど、何かを理由にしてそれを実現していない、できていないことです。

でも、こうした「自分が本当に求めているもの」に薄々気づきながら実現していないのなら、何のために生まれて、ここまで生きてきたのでしょうか？

このままではあなたは、「あれをやればよかった」というたくさんの後悔にまみれて、「でももう間に合わない。なぜ私はやらなかったのだろう」と嘆きながら人生を終える可能性が高いのです。

それが嫌だと思うなら、ここで書き出した「**私の人生の幸福度を上げるために必要だと**

**思われること・行動」や「もし明日死ぬなら、私がその前の残された時間でしたいこと」を少しずつ実現していくこと**です。

このように、「人生の終わり」「死」を意識して現在の自分を考えてみると、今までとは違ったものが見えてきます。出世や社会的名声、お金、高価な品物などは、死後の世界には何ひとつ持って行けません。そして、こうやって突き詰めて考えると、これらは必ずしもあなたの人生の幸福度に直結してはいないことに気づかれたと思います。

**もし明日死ぬなら、地位や名声、お金よりもあなたが欲しいものは何ですか？ あなたがしたいことは何ですか？**

時々、こうやって「もし明日死ぬなら」と考えてみてください。あなたにとって本当にしたいこと、大切なものがわかるはずです。

これもデスマインドを持つからこそわかる、あなたの本音なのです。

# 5 超高齢多死社会への準備はできていますか

日本が「超高齢社会」「少子化社会」と言われて久しくなります。このフレーズを耳にしすぎて、慣れてしまった方も多いかもしれません。しかしこれは、別の言い方をすると、日本は「多死社会」に突入しているということです。

**今の日本では年間で161万人もの方々が亡くなっている**ことをご存じでしょうか？

この数はおよそ福岡県福岡市の人口とほぼ同じです（2020年実施国勢調査結果より）。毎年、あの活気に満ちた福岡市の人口と同じ規模で人が死んでいる。これを想像すると、「多死社会」がより強く実感できると思います。

そんな激動の時代に私たちは何を意識し、どのように生きるべきなのか。その指針になるのがデスマインドです。世界の人々がうらやむ長寿大国で、経済的にも先進国とされる日本で、なぜデスマインドが必要になるのでしょうか？

かつて経済大国と呼ばれた日本は、超高齢化に少子化の波も加速し、今や国際的な地位を次第に失いつつあります。日本のＧＤＰ（国内総生産）は１９６８年に西ドイツを抜き、アメリカに次いで世界第2位の経済大国となりました。しかし、２０１０年には中国に抜かれ第3位へと転落。２０２３年にはドイツにも抜かれ、今では世界第4位です。

バブル崩壊後、日本の経済は停滞し続け、デフレや円安、生産力の低下など、さまざまな問題が積み重なっています。その背景にあるのが、少子高齢化の影響です。高齢化が進む中で若い世代が減り、日本の経済を支える力が弱まっているのです。**残念ながら日本は、世界に対して「強い国」としての存在感を失いつつあります。**

国内の状況を見ると、２０２５年2月の時点で日本の総人口は1億２３５４万人。そのうち75歳以上の高齢者人口は２０７１万人を超え、５人に１人が後期高齢者という状況です。また、65歳以上の高齢者は3624万人で、総人口の29・3％を占めており、実に3人に1人が65歳以上という、世界でも類を見ない超高齢社会を迎えています（2025年総務省統計局「人口推計」より）。

そして、**これからの日本が直面するのは、超高齢多死社会によって引き起こされる深刻な人口減少**です。

2023年の死亡者数は159万503人、出生数は75万8631人で、自然増減数はマイナス83万1872人でした。これは2023年時点での推計人口が約83万人の大阪府堺市とほぼ同じ人数です。そう、これから毎年毎年、堺市の全人口と同じ人数が消えていくのです（堺市の皆さん、ごめんなさい。堺市はなくなりません！）。

今後、このマイナスの数値はさらに大きくなり、2070年までこの超高齢多死社会が続くと見込まれます。

日本の戦後の復興期には、年間に250万人もの新しい命が生まれ、第1次ベビーブームを迎えました。その子どもたちが第2次ベビーブームを起こし、200万人近くの新しい命が生まれました。しかし、第3次ベビーブームは起こらず、現在では出生率が年々低下しています。

未来に向けて人口増加が望めない現状の中で、**私たち1人ひとりに求められているのは、この現実を見つめながら「限られた人生をどう全力で生きるか」という問い**です。

そして私は、今の私たちの生き方そのものが、後世の人々にとっての希望や励みになると信じています。

だからこそ、「死を見つめてどう生きるか」というデスマインドを持って生き方を考えていくことこそが、私たちが今真剣に取り組むべき課題だと思うのです。

# 6 あなたのタイムリミットを意識する

多くの日本人は、生まれてからずっと「いつか迎える最期」というものをあまり意識せずに生きているのが一般的です。しかし、すべての命には限りがあります。あまり直視したくないことかもしれませんが、**ここであえて「自分の人生にもタイムリミットがある」ということを意識されてはいかがでしょうか。**

タイムリミットを意識することをおすすめするのには、大きな理由があります。それは、人生は限られた時間であると意識することで、「やりたいことに向き合うにはあとどれだけの時間が残されているのか」という考えが生まれるからです。

私たちは、人生のタイムリミットを意識して初めて、ただ命の儚さを嘆くのではなく、これから残された時間はどのくらいで、その間にどう充実した生き方ができるかを考えられるようになります。考えることができれば当然、それに沿った選択もできるようになります。

**人生は有限であるという気づきは、限られた時間をどう使うか、どう全力で生きるかを考えて実行に移すスイッチ**になります。このスイッチを入れることが、私たちの人生を豊かにする鍵になると考えています。

そして、ここで言うタイムリミットとは、「寿命」ではありません。「人生80年」と言われていても、自分で考え、行動できるのは、「健康寿命」までと考えるのが現実的です。つまりほとんどの人にとって、実質的なタイムリミットは70代半ばまでと言っても過言ではないでしょう。

ですからここでは、**タイムリミットをいったん70代半ばと設定して、そこから残された時間を逆算してみましょう。**

例えば、40代の方ならタイムリミットまではあと約30年。50代なら約20年。60代なら約10年。そして70代の皆さんは、まさにゴールが目の前です。

こう考えると、人生は意外に短いと思いませんか？

こうやって、**人生の残りの時間を冷静に計算することで、タイムリミットを自分ごととして感じられるようになり、自分の人生の持ち時間をどう使いたいのか、ゆっくりと見つめ直す機会を得られます。**

クリスチャンは、「命は神が与えてくださったものであり、神の計画のもとにあるため、自分ではその長さがわからないし、決められるものではない」と考えています。そのため、「いつ神の国に呼ばれるかはわからない。だからどうやって毎日を生きるか。自分が神様から託された地上での役割は何なのか。そのためには何を大切にして生きるべきか」と無意識のうちに考えています。

そこで皆さんにも、タイムリミットを自分ごととして意識することをおすすめするのです。

命の時間には限りがあるということをリアルに捉えると、タイムリミットまでの時間を何にどう使うか、優先順位をも考えることができるようになります。その優先順位にしたがって全力で生き、行動することが、私たちの人生を豊かにするのです。

あなたが今、何歳であっても、タイムリミットを意識した行動を起こすのに、決して早すぎるということはありません。むしろ、**タイムリミットを意識するからこそ、今を大切に生きられるようになり、未来の自分が後悔しない選択が可能になる**のです。

さあ、今この瞬間から、タイムリミットに向かって残された人生をどう生きるか、真剣に考えてください。そして、人生を全力で生きるスイッチをオンにしてほしいのです。

それこそが、あなたの豊かな人生への第一歩に、きっとなるはずです。

# 7 「死」という現実を遠ざけてきた日本文化の弊害

日本では古くから、「死」を語ることが避けられてきました。死は長い間「穢れ《ケガレ》」とされ、死について話すことも、実際の死に触れることも避けられてきたという記録が、平安時代にはすでにあります。

特に、親しい人の前で死の話題を口にすることは「縁起でもない」とされ、敬遠される傾向が強くあります。これは、長寿を願う日本独自の価値観によるものかもしれません。しかしその一方で、死を避け続けてきたことが、人々の心に深い影響を及ぼしていることは否めません。**今、死を遠ざけることで生まれる弊害について、改めて考えてみる必要があるのではないでしょうか。**

例えば、日本の気分障害（＝うつ病）の患者のうち、約3割を占めるのは65歳以上の高齢者だといいます（2018年厚生労働省調査より）。65歳以上というのは、自分の周囲の人々の死を多く経験するようになる年代です。親や配偶者、友人、そして自分より年下の家族をも見送ることも増えていくでしょう。しかし、**死を避けてきた文化的背景ゆえに、いざ死に直面したときにどのように向き合ったらいいのかがわからず、孤独感や無力感に苛まれる方が多い**のではないでしょうか。

また、うつ病だけでなく、高齢者の孤独死の増加も日本の社会問題となっています。周囲の人々が亡くなる一方で、「自分もいつかはその時を迎える」と意識しながらも、どうその現実と向き合えばいいかわからない。いざ自分の死が近づいてきたときに、心の準備ができていないため、なおどうしたらいいかわからない。こうしたケースでは、**死への不安や恐怖を抱えたまま孤独な生活を強いられる、大変苦しい晩年を過ごすことになります。**

さらに、最も近しいはずの家族との間で、自分の死と死後についての大切な話をする機会も失われているのが現状です。例えば、死ぬ前、終末期の医療はどこまで受けたいのか。命を少しでも長く保つことと痛みのコントロールのどちらを優先させたいのか。これらはとても切実な問題です。しかし、「なんとかなるだろう」「家族のいいようにしてもらえばいい」「お医者さんの言う通りにするしかない」というように、考えることそのものを放棄しているように見えるケースも少なくありません。

また、あえて「家族のために」と自分の死後のことを話し合わないようにしているケースもあります。周囲も高齢者に対して死後のことは聞きにくい、という場合も多いでしょう。しかし、**そうした「気遣い」がかえって心の距離を広げてしまい、高齢になった方が心に孤独を抱えたまま生きているのが、現在の日本の姿**です。死を目前にしたとき、親しい人に本音を打ち明けられないまま、心残りを抱えたまま人生を終えるのは、本人にとっても残された家族にとっても、幸せからは遠く離れた生き方ではないでしょうか。

欧米では、学校教育の中で「死」について学ぶ時間（デス・エデュケーション）が設けられ、早い段階で死生観を養うことが一般的です。そのため、身近な人が亡くなったときでも、悲しみや苦しみを１人で抱え込むのではなく、適切なサポートを受けながら乗り越えていくことができます。死を受け入れるための支援や意識づけがあるからこそ、ある人が身近な人の「死」によってショックを受け、心のケアが必要であると思われるときには、周囲が自然と手を差し伸べる文化が根づいているのです。

しかし、死に対するタブー感が強い日本では、死についての教育や意識啓発もあまり行われてきませんでした。そうして死を遠ざけ、目を背け続けてきた結果として、死に関するサポートが限られている状況が続いています。身近な人の死を経験しても、その悲しみを打ち明ける場や、近づいてくる自分自身の死とどう向き合えばよいかを話し合う機会がほとんどありません。そのため、**悲しみや孤独を抱えたまま生きる人が多くなり、それがうつ病や孤独死といった形で顕在化している**のです。

死について考え、話し合うことを避けてきた弊害は、私たちの人生の質に大きな影響を及ぼしています。誰もがいずれ迎える「死」だからこそ、前向きに考える習慣を持つことが、より豊かな人生を送るために大切なのかもしれません。

# 8 私の歩み～神学から葬儀の世界へ、「死」を見つめる道のり

私は大学でプロテスタント信仰を土台とした神学部に所属し、神学を実践的に幅広く学びました。宗教を学ぶことで、人生や生きる意味を深く考える機会が多くあり、私にとっては非常に貴重な時間でした。

とは言え、私が神学部で学んだのは、「牧師になりたい」という夢があったからではありません。クリスチャン経営者の祖父や父の影響で、クリスチャンの思想はビジネスに役立つと考えていたのと、高校時代に下宿先の牧師から強く勧められたのが理由です。

入学してみると、当たり前のように周りの学生は皆、牧師になることを志している人たちでした。でも私は、「キリスト教をどうビジネスに活かせるか」ということを考えてい

たので、場違いでいたたまれないような気持ちになることもありました。

特に、大学在学中に教会で牧師の補佐のボランティアをしているときに、それを強く感じました。教会員の皆さんは、神学生たちのことを「将来は牧師になる人＝牧師の卵」として接してくださいます。そんな中で、ビジネスに活かすために神学を学んでいる自分にまで丁寧に接してくださるのが申し訳なくて、心苦しかったことを今でも覚えています。

大学卒業後には、日本各地の教会へ牧師として遣わされる者や、さらに学びを深めるために大学院に進む者、海外に出て宣教師として活動する友人も多くいました。しかし、そこはまだ20代前半の若者。私は、自分が神学やキリスト教について語るには、社会経験が不足していると感じていました。もっと見聞を広め、人間の奥深さを学びたい。そんな思いから、日本では珍しい「キリスト教専門の葬儀社」に就職しました。

ただ、ここでまた皆さんの想像を裏切るかもしれませんが、当時の私は実のところ、葬祭業やエンディング産業に特別な興味はありませんでした。それよりもむしろ、人の「死」

に関わる働きを通して、人生のあり方を学びたいという気持ちを強く持っていました。キリスト教的な視点から「死を見つめてどう生きるか」を考えるため、命の尊さや儚さを、実際の現場で学びたいと考えていたのです。葬儀社の社員としてはちょっと困った存在だったかもしれません。会社の一員として頑張るよりも、人生のあり方を学びたいという気持ちの方が強かったのですから。

でも結局、その後には自分で葬儀社を営んでいますので、「学びたい」から始まる職業探しも、悪くはないということでしょうか。

20代前半の私にとって、葬儀社の仕事現場は想像以上に衝撃的なものでした。

人の死に関わり、ご遺族の方々に寄り添う仕事である葬儀は、人生の中でも特別な意味を持っています。私が就職したキリスト教専門の葬儀社は、中小零細企業ゆえに大々的な研修もなく、新入社員は新卒の私が1人だけという状況でした。

入社3日目、突然「葬儀の打ち合わせに行くぞ」と上司に言われ、車に乗せられて向かった先は東京の下町にある古い教会でした。到着すると「ご遺体にドライアイスを当てるから手伝うぞ」とだけ言われ、私は何もわからぬままついて行きました。

その教会の奥の薄暗い4畳半ほどの部屋で、男性のご遺体が布団に横たわっていました。前日の晩に上司とスタッフが病院から搬送し、この部屋に安置したとのことでした。

そのときの私は葬儀についての知識もろくになく、参列経験も大学時代にあった祖父の葬儀の一度だけ。そんな私が、古い畳の部屋に知らない方のご遺体が横たわっている姿を見た瞬間、戸惑いととてつもない恐怖を感じたことを今でも鮮明に覚えています。

そんな衝撃的な経験を皮切りに、たくさんの死と向き合うようになりました。

生まれて間もない赤ちゃんの死、交通事故死、老衰、孤独死、殺人、自死など、さまざまな形の死に触れました。また、亡くなった方を偲ぶ葬儀もさまざまで、しめやかな涙の葬儀だけではなく、天国へ行くことを喜びとするような笑顔の葬儀も経験しました。

それは、当時の私にとって、それまで十分学び、わかっていたはずの命の重みや人生の尊さ、そして儚さを、頭ではなく、身体で、肌で感じる日々でした。

実際に葬儀の仕事に携わる中で、当たり前かもしれませんが、どの葬儀も1つとして同じものはありません。見送る側が親しい人の死を受け止める準備ができている場合、できていない場合。死との向き合い方、そして残された人々がどう生きていくか。これが葬儀の数だけ違いました。葬儀社としても、その方の亡くなり方によって、残されたご家族の心情に配慮しながら適切な人選を行うなど、細やかに心配りをしていました。

こうしたことすべてが、まだ若かった私の心に1つ1つ深く刻まれました。

また、葬儀社で3年間働いた後は、私の両親がキリスト教精神に基づいて運営する老人施設（創世福祉事業団）や幼稚園で働く機会もありました。

子どもたちは夢と希望にあふれ、毎日を元気に過ごす一方、老人施設のご高齢の方々は、元気ではあっても、ゆっくりと身体の機能が衰え、いずれは亡くなっていくという現実を目の当たりにしました。

そして、人は生まれ、いつかは死ぬという現実について、改めて深く考えさせられました。「生きとし生けるものは必ず死を迎える」「すべての命には終わりがある」。これらの言葉はもちろん知っていて、頭ではわかっていました。でも、心からは実感しきれていなかったと気づきました。命の摂理を強く感じたのです。

こうした経験を通して「死を見つめて、今、生かされている者として、どう生きるべきか？」という問いが私の人生のテーマとなりました。

そして、31歳で「人はいつか必ず死を迎える。だからこそ、与えられた人生を全力で生きることが大切だ」という信念から、キリスト教専門の葬儀社を設立しました。

誰にでも必ず訪れる「死」という現実から目を背けるのではなく、またそれをただ「仕方のないこと」として受け入れるだけではなく、もっと積極的にポジティブに捉えたい。

究極的には「死を見つめることで、与えられた命に感謝し、人生を全力で生きる」という考えを1人でも多くの方にお伝えしたい。そして、葬儀・終活を考えるときから湧き上がる「生きる勇気」と「希望」をぜひ多くの人に得ていただきたい。そんな思いから、〃いのち〃の働きを志して「ライフワークス」という社名を掲げ、日々の仕事を通して「死を見つめてどう生きるか」を発信し続けてきました。

これまで27年間、この仕事に携わってきて痛感するのは、繰り返しますが、誰もが必ず「死」を迎えるという現実です。死はあなたが若いか年老いているか、お金持ちか貧乏かには関係なく、私たちすべてに平等に、しかもある日突然に訪れます。

そしてこの現実は、私たちのコントロールを超えています。今日なのか、明日なのか、10年後なのか、30年後なのかはわかりません。それでも人は皆、必ず死の時を迎えるのです。だとしたら、どのように死を迎えるか。それを考えたときに「死」を見据えて「生」を考える、デスマインドが生まれたのです。

エピソード

# 死を間近にした母の言葉「あなたも通る道だから、しっかり見ときなさいよ」

高橋裕子さん（仮名）は、89歳でその生涯を終えられました。

東京の世田谷区で証券関係の仕事をされていたお父様と、地方の家柄の良いお母様のもと、長女として誕生され、弟さんとともに愛情豊かに育てられたそうです。当時としては珍しいことに、津田塾大学の英文科へ進学されるなど、お嬢様らしい歩みをされてきました。大学時代にキリスト教と出会い、洗礼を受けてクリスチャンとしての人生を歩み始めたと伺いました。卒業後は英語の教師となり、30代で教会の牧師の紹介を通じて銀行マンのご主人と出会い、ご結婚されました。そして、３人の娘さんに恵まれました。ご主人のお仕事の関係で転勤が多い中、３人の娘さんたちを愛情を込めて育てられたそうです。

そんな高橋さんと私が「出会った」のは、彼女が亡くなられた後、ご自宅の小さな6畳ひと間の部屋でした。高橋さんはすでにお亡くなりになっていましたので、正確には「出会った」という表現は違うかもしれませんが、そのご家族との関わりから、彼女の人生の一端に触れることができました。

キリスト教葬儀では、亡くなられた方の人生を通じて神の愛を感じ取ることが大切とされています。式次第（葬儀プログラム用紙）の裏には、故人がどのように神と出会い、信仰と共に歩んできたかが記されています。私は葬儀社としての立場でお手伝いする中で、このような略歴を読み、故人の人生に触れるたび、深い感動を覚えます。

葬儀の最後には、ご遺族の代表がご挨拶をされることが多いのですが、そこで語られる故人への思い出や感謝の言葉には、いつも心を打たれます。高橋さんもその例外ではありませんでした。

高橋さんは、お嬢様として育ち、クリスチャンとしての信仰を持ちながら英語の教師として活躍され、ご結婚後は3人の娘さんを愛情豊かに育て、妻として母として充実した人生を歩まれました。晩年には、ご主人と旅行や趣味を楽しみ、75歳のときに最愛のご主人を先に天国へ送り出されたとのことです。その後は三女の娘さんと一緒に生活されていましたが、80代半ばで心不全を患い、自宅で療養することになりました。高橋さんは、お身体が弱っていく中で、娘さんにこう伝えられたそうです。

「あなたも通る道だから、しっかり見ときなさいよ。人は必ず年を重ね、だんだん弱っていって最後には死んでしまうものなのよ。お母さんもその道をたどるけれど、これはみんなが通る道なの。だからあなたもしっかり見ときなさいね」と。

その後、高橋さんは遺産の整理や部屋の片づけを進め、最後の数年をしっかりと準備して過ごされたといいます。そして最期の時、彼女は6畳ひと間の小さな部屋で、身の回りの物をほとんど整理し、愛用の聖書だけを枕元に置いて、静かに息を引き取られました。

このお話を通して感じるのは、高橋さんの生き方が、まさに「人生を全うする」とはどういうことかを教えてくれているということです。彼女が娘さんにかけた「あなたも通る道だから、しっかり見ときなさいよ」という言葉には、自分自身の老いや死を受け入れ、次の世代に伝えていく強さや優しさが込められていると感じます。

多くの方が人生の終わりを迎えるとき、家族や愛する人に何らかの思いやメッセージを伝えたいと願いながらも、それが叶わずに旅立ってしまうことも多いものです。高橋さんは、ご自分の最期を娘さんにしっかりと見届けさせることで、自らの死を通して、生きること、老いること、そして死ぬことの意味を伝えられたのでしょう。

私自身、高橋さんと直接お会いすることはありませんでしたが、彼女の娘さんの言葉を通して「あなたも通る道だから、しっかり見ときなさいよ」というメッセージが、深く心に響いてきました。人は皆、いつか必ずその道を歩むのです。そのときにどう生きるべきか、何を残すべきかを、私たちは考え続けていかなければならないのだと、高橋さんの生涯を通して教えられた気がします。

# 第2章

## 人生100年時代の嘘

DEATH
MIND

# 1 「人生100年」は見せかけだけ

日本は世界一の長寿大国です。世界保健機関（World Health Organization：WHO）の2022年の発表によれば、日本は平均寿命84・3歳で世界第1位。2位はスイスの83・4歳、3位は韓国の83・3歳です。一方、平均寿命が最も短い国の1つである中央アフリカ共和国では53・1歳。同じ人類なのに、平均寿命に30年も差がつく理由は、医療水準や衛生環境、社会状況が大きな原因です。日本は、医療技術の発達や衛生環境の向上により、長寿大国となっているのです。

一方、近年になって「健康寿命」という言葉も使われるようになりました。単に長生きするだけでなく、「健康で自立して生活できる期間」を指すこの言葉は、私たちの人生にとって非常に重要な概念であり、指標です。

例えば、85歳まで生きることができたとしても、75歳からの10年間を病気や介護が必要な状態で過ごす可能性があるとすれば、それは本当に幸せな「長寿」と言えるでしょうか。実際、日本人の平均寿命は男性で81歳、女性で87歳ほどですが、健康寿命はそれよりも短く、男性72歳、女性74歳とされています。この差である10年余りは、病気や介護が必要な期間ということです。**日本では「人生80年」という考え方が一般的ですが、健康寿命を考慮すると、実際は「人生70年」と捉えた方が現実的**だと思われます。

ただ、ここへきて急速に「人生100年時代」という言葉や意識が普及して根付いてきていることを感じます。これは、ロンドン・ビジネススクールのリンダ・グラットン教授が『ライフ・シフト：100年時代の人生戦略』（東洋経済新報社、2016年）で提唱したものです。同教授は人々がより長く生きる現代において、キャリアや学び直し、柔軟な働き方が必要だと述べています。

けれどもここで厳粛なる、そしてかなりショッキングな事実をお知らせしなければなりません。なんと、この**「人生100年時代」が実際に適用されるのは、2007年以降に生まれた世代**なのです。

つまり、現代に生きる20代から70代の人たちには、「人生100年時代」はあてはまらないのです。したがって、**「人生100年時代」というフレーズはある意味、長寿大国ニッポンが生み出した幻想、見せかけだけ**と言えるかもしれません。

しかし、「人生100年時代」という言葉が、なぜこんなにも早く日本社会に広がり、受け入れられたのか。その理由をここでご一緒に考えてみたいと思います。

私は、「人生100年時代」という考えがこんなにも早く日本社会で浸透した理由は、2つあると感じています。

1つは、人種や文化を問わず人類共通の「長く生きたい」という原始的な願いです。

人生は80年だと思っていたけれど、実はまだあと20年もあるらしい。この考えは人間を魅了します。なにしろ人間も動物である以上、未知の存在である「死」について、あまり積極的に考えたくはありません。その死に直面するまで、あと20年もあるらしい。ああ、よかった。このような「まだまだ人生が続いてほしい」という素朴な願いが「人生100年時代」という言葉によって力づけられた結果、その考え自体がこんなにも早く、現代社会に浸透したのだと思っています。

ただ、気になるのは2つ目の理由です。別れを遅くできる嬉しさに加え、「やれやれ。人生が100年もあるなら、すべてのことを先延ばしにしても大丈夫」という安心感が湧いたから、というものです。これには要注意です。

もし**「すべてのことは先延ばしにできる」と思っていたら、この安心感はあなたの人生を好転させません。**なぜなら「今はやりたいこと、やるべきことを、もう少し先にやっても大丈夫。だってまだまだ人生の時間はあるのだから。それより、長生きをする分、お金を貯めておかなければ」と考えがちだからです。

デスマインドとは正反対の「やりたいことや、やるべきことは後回しにして、まずはお金を貯める」という考えは、私たちが人生を充実させるための行動を先延ばしにさせます。さらに、自分の「これをやりたい」という気持ちに蓋をしてしまいます。結果的に、**毎瞬毎瞬を全力で生きる、心をワクワクさせる経験を味わう、という生き方から私たちを遠ざけてしまいます。**

死は誰にでも、突然やってきます。20代や30代でも、小さな子どもでも、交通事故に巻き込まれたり、災害などで命を落としたりする可能性があります。だからこそ、「自分の人生は、ある日突然終わりが来る」と意識することで、限られた時間をどう過ごすかを考え、何を大切にすべきかを知るきっかけが生まれるのです。この気づきは、未来を明るくする道標となり、今この瞬間に集中して全力で生きる力を与えてくれます。

したがって、**あらゆることを先延ばしにしても良いと思わせる「人生100年時代」に、安易に飛びついてはいけない、**と気づいていただきたいと思っています。

# 2 「死」から逆算して10年1区切りで考えるとうまくいく

ここまで読み進めてきて、「あぁ、人はいつか死ぬんだな」「自分は何歳まで生きるのだろう」「両親もそろそろいい歳だな」など、「死」を他人事ではなく、身近なこととして感じ始めていただけたなら、著者としては本当に嬉しい限りです。しかし、デスマインドの神髄はまだまだ序盤です。ここからもう少し、「死」について考えていきたいと思います。ここでは、「**死から逆算して現在地点を確認し、どう自分の人生を設計して生きていくか**」ということをご一緒に考えてみましょう。

「人生100年時代」が実際に適用されるのは2007年以降に生まれた世代だということはお伝えしました。現実的には、今の20代から70代の方々は健康寿命が70歳代であり、その後は病気や介護が必要になる可能性が高いのです。したがって、本書では「人生70年」

という前提で人生設計を考えていきたいと思います。

皆さんは現在、何歳でしょうか？ 20代、30代、40代、50代、60代、70代、それぞれの年代で人生の歩み方や設計が変わってきます。一般的な日本人のライフスタイルを例に、人生を時系列でたどってみましょう。

10代は、義務教育を受けながら一生懸命に勉学に励む時期。大学へ進学した人は20代前半で卒業し、就職して社会人としての歩みを始めます。20代では、社会に揉まれながら経験を積んで成長していきます。

30代になると、それまでの経験を活かしキャリアアップする人、転職を重ねる人、起業して成功をつかむ人など、人生の方向性が徐々に見えてきます。国立社会保障・人口問題研究所の「出生動向基本調査」によると、平均初婚年齢は男性が30・7歳、女性が29・1歳であり、晩婚化が進んでいることがわかります。結婚し、子どもを持つ家庭も増えますが、経済的な不安から子どもを持たない家庭も多く、少子化の要因ともなっています。

40代になると、仕事でも中堅の立場になり、収入も安定し、仕事やプライベートが充実し始めます。しかし、ここで親の老後の問題が出てきます。ご両親が75歳を迎えて後期高齢者となり、介護やサポートが必要になるかもしれません。また、自分の子どもが高校や大学に進学し、教育費がかさむことも増えてきます。

50代を迎えると、自身の健康にも気を配りつつ、両親の介護や将来への備えも必要になります。30代後半で35年ローンを組んで購入したマイホームも、50代になると古びてくることもあるでしょう。60代を目前に控え、定年退職後の生活設計や老後資金の準備を本格的に考え始めます。そして70代に差し掛かる頃には、両親が80代後半で亡くなり、自分自身も前期高齢者の入口が近づいていることを実感するでしょう。

こうしてたどってみると、人生は長いようで、実はあっという間だと気づきませんか？

そこで、**私が提案したいのは「人生を10年ごとのスパンで捉えて生きていく」という考え方**です。人生70年と仮定すれば、10年ごとに7つのステージがあるわけです。

ゲームを例に考えてみましょう。10代は第1ステージ、20代は第2ステージ……。今40代の方は、すでに4つ目のステージまで進んでいるわけです。残りの3ステージをクリアすることが人生の課題と言えるでしょう。ゲームと同じように、人生のステージが進むにつれて難易度は上がります。周囲の人々も年を重ねていく中で、喜びや成長とともに新たなチャレンジが待ち受けるようになります。しかしその分、経験値も増え、戦略的に進められるようにもなります。

今一度、あなたの現在地点を認識してみましょう。**ご自身の人生のステージをしっかりと把握することで、理想とする未来に向けた行動や計画がおのずと見えてくるはず**です。

人生は有限であり、誰もがいつかは最終ステージを迎えます。だからこそ、今この瞬間から自分の位置を確認し、やるべきことを明確にし、全力で生きていくことが重要です。あなたの人生は一度きり。どう歩んでいくか、その設計をしっかりと考え、行動することが、真のデスマインドの実践なのです。

# 3 日本社会が長寿と引き換えに失ったもの

日本はなぜ世界一の長寿国となれたのか。その背景には先に述べたように、医療技術の進歩や衛生環境の整備があります。日本の医療技術は世界トップレベルであり、清潔さや衛生意識の高さは、日本を訪れた世界中の観光客が驚くほどです。しかしその一方で、**医療の発達とともに日本人の「死」の捉え方も大きく変わりました。**

今から70年前の1950年代、医療がまだ発展途上だった頃、日本人はどこで生まれ、どこで亡くなっていたのでしょうか。

実は当時のほとんどの人々は自宅で生まれ、そして自宅で最期を迎えました。厚生労働省の資料によれば、この時代は98％近くの方が自宅で生まれ、82・5％の方が自宅で亡くなっていたのです。

自宅で出産し、家族全員で最期の看取りをするのが当たり前で、生と死は日常生活の一部でした。つまり、**日本人はたった70年前には、日々の暮らしの中で誕生や死を身近なものとして受け入れ、生きていることのありがたさと尊さを日々感じながら生きていたの**です。江戸時代のお話ではありません。たった70年前、昭和の半ばのお話です。

さらに、同じ頃の日本人の平均寿命も、現在とは大きく違っていました。厚生労働省の資料によれば、昭和40年（１９６５年）当時、日本人の平均寿命は67・7歳でした。現在の84・3歳と比較すると、実に17年も短かったのです。寿命は70年にも満たず、生と死が日常生活の一部だった日本。その頃には、今よりも全力で生きる術を自然に身につけていたことが推測できます。

その後は、経済の発展とともに医療も急速に進歩しました。その結果、誕生も死も自宅から病院へと移りました。これにより、**日本人は生と死を直接的に感じる機会を失い、次**

**第に生と死の現実が日常生活から遠ざかってしまった**のです。

病院での誕生や死が一般化することで、私たちの生活から生と死という気配が消えました。新しい命が生まれてくる瞬間の素晴らしさや、生きることの大切さ、健康のありがたさ、また命の儚さを感じる機会が少なくなってしまいました。

この現状をどう捉えるかは人それぞれですが、私はもう一度、生と死を身近に感じる必要があると思っています。なぜなら**生と死に触れることは、私たちに「命」という最も大切なものについて考えさせてくれるチャンス**だからです。

長寿大国ニッポンだからこそ、死を見つめ、今を全力で生きる。「人生は80年もあるんだから」「いやいや、これから人生は100年なんだから」とすべてのことを先送りにするのではなく、今、自分は何を求められていて、何ができるか。こう考えることにより、より充実した人生を歩んでいくことが、これからの時代の私たちに求められているのです。

# 4 年を取ったあなたを支えてくれるものは、お金より思い出

健康寿命を過ぎ、だんだん身体が思うように動かなくなり、行動できなくなったとき。**あなたの心の支えになるのは、「思い出」**でしょう。子どもの頃、学生時代、そして大人になって結婚をして、子どもを育てて……。そんな日常の中にあったさまざまな思い出が、あなたの日々を支えてくれます。

テレビを見ていても、「あ、昔、私もここに行ったことがある。あのときに一緒に行った友達は今、どうしているかな？」とか「あれ？ あの場所はこんな風だったたっけ？ 昔はもっと何もない野原だったのになあ」など、同じものを見ても、自分が経験しているものは自分ごととして見ることができます。そう、思い出は経験によってつくられるのです。

特に、長い間やりたかったことができたとき、行きたかったところに行けたとき、人はそ

の一瞬一瞬を後々まで鮮やかに思い出すことができます。

私は、「**思い出を作るなら、できるだけ早くした方がいい。やりたいことが見つかったら、ちょっと無理してでも、一瞬でも早くやった方がいい**」と考えています。

それはなぜかと言うと、2つ理由があります。

まずは、「**思い出投資」は後々まで成長し続ける、息の長い投資になるから**です。

例えば、私が20歳で思い切ってニューヨークに1年間留学したとしましょう。そのときにかかったお金が200万円だとします。ニューヨーク滞在中の1年間は、私にとってかけがえのない毎日になるでしょう。見るもの聞くものすべてが新しく、「ここで頑張って勉強するぞ！」と心から思えるでしょう。出会った教授、学友との刺激的な授業や他愛のない会話、スーパーでの買い物すらが、1つ1つキラキラと輝いて見えるでしょう。そして何より、この留学を成し遂げた自分を誇らしく思うことでしょう。

1年間の留学が終わって日本に帰って来ても、その思い出はずっと私の心の中に焼き付いていることでしょう。それが20歳のときだったとして、私がいわゆる平均寿命まで生きたなら、何年間その思い出を楽しめると思いますか？

60年です。60年間、ずっと楽しめるのです。留学にかかった費用は２００万円でしたね。でもそれを60年間楽しめたら、１年で３万３０００円になります。１か月２８００円弱です。**たったそれだけで、60年間ずっと心の中で楽しめる思い出ができる**のです。さらに60年間にわたって「自分はできる。だって誰も知らないニューヨークで1年間頑張れたんだから」という自信を作ってくれるのです。

もう自分の力で外国に行くことができない80歳になったら、「あのとき、ちょっと無理をしてでもニューヨークに行っておいてよかった」と必ず思うでしょう。だって80歳になった方が２００万円の札束を見つめていても、何も思い出がないからです。

こんな風に、若い頃に作った思い出は、おつまみの「するめイカ」のように、体験したときからその後の長い人生の間じゅうずっと、味わって楽しむことができます。

理由の2つ目は、**思い出がたくさんある人は、他の人の重荷になりにくいから**です。年を取っていくということは、周囲にいた友達や家族、兄弟姉妹と次々にお別れをする、という悲しい一面もあります。そんなときに自分を支えてくれるのは、やはり思い出です。小さなことでも、何かいつもとは違うことをした思い出。これが私たちを支えます。

人間の脳はすぐに「慣れ」に安住しがちです。だから、昨日とは違うはずの毎日に違いを見つけ出すことが苦手です。何かちょっとした「違うこと」をした日に、新しく思い出が脳に刻まれるのです。こういう「思い出せるシーン」が記憶の中にたくさんある人は、寂しいときでも自分の中で思い出を楽しむことができます。最高の思い出を懐古する、という状態を作ることができるのです。

でも思い出がほとんどなかったら? いくらお金が預金通帳の中にたくさんあっても、人は自分の寂しさをどうやって埋めたらいいのかわかりません。**そうすると自然と、家族や子どもなどに「構ってほしい」という信号を出してしまう**のです。

もちろん、信号を出すこと自体は悪くありません。ひたすら我慢をしているより、周りも何かできることがあるかもしれないからです。実際、信号を出すことができずに鬱々と過ごす人が増えているので、現在うつ病の投薬治療を受けている人の30％以上が65歳以上、という衝撃的な数字が出ているのです。

そうは言っても、家族や周囲の人があなたの寂しさを的確に察知し、いつもちょうどよく埋めることは現実的にできるでしょうか？ 難しいと思いませんか？ 最初の数回はできるかもしれません。けれども周囲もそれなりにやるべきことを持ち、忙しい毎日を送っています。そこにあなたが「寂しい、寂しい」と寄りかかってきたら？ 正直なところ、**あなたのそういう振る舞いや存在自体を「重たいなあ」と思う日は遠くありません。**

あなたは周囲の人に「重たいなあ」と思われながら、支えてもらいたいですか？ それとも、自分の中に「ワクワクする経験をした」という思い出をたくさん持って、自分で自分を支えられる人になりたいですか？

**死を見つめて、今この瞬間を全力で生きるという姿勢を持って挑戦を続けていくと、自然と思い出も作ることができ、ずっと充実した人生を歩める**のではないでしょうか。

# 5　なぜ思い出を作らないのか

人はたくさんの思い出があると、晩年になっても1人でも充実した時間を過ごせるようです。その一方で、死を間近にした人が挙げる後悔は「もっと冒険をすればよかった」であることは、前に述べました。

では、**なぜ人は若い頃にもっと冒険をしないのでしょうか？**「やってみたいこと」に挑戦しない理由は何でしょうか？

皆さんの「やろうかな」を足止めさせてしまう理由。それは**人からの評価とお金を気にしてしまうから**でしょう。「こんなことをしたら、バカだと思われるかもしれない」「お金の無駄遣いかもしれない」と思ってしまうからではないか、と私は考えています。

実はこれには、私たち人間の習性が関わっています。私たちは子どもの頃から、親や周囲の大人に「人様に迷惑をかけないよう、笑われないようにしなさい。やりたいことがあったら、まず○○（宿題など）をしてからにしなさい。無駄遣いせずにお金を貯めなさい」と言われて育ったと思います。仮に口では言われなくても、周囲の大人がそのような行動を取っていたのではないでしょうか。

子どもの頃に刷り込まれた考えの根は深く、なかなか変えることは難しいものです。それには、**人間が本能的に持っている「恒常性」という性質が関係しています。**

人間はやり慣れたことを、できるだけ長く続けたいという本能を持っています。動物と同じで、人間も変化が苦手です。苦手というより、本能的に怖いのです。**変化が怖い理由は遠い昔、人類がまだ狩猟採集民だった頃から、これまでと違うことをすると命を落とす危険が続いたから**です。それはなんと20万年もの間続いたのです。

例えば、これまでと違う道を通ったらヘビに噛まれて死んでしまった。肉食獣に遭遇して殺されてしまった。そういう状況を見て「これまでと違う行動をすると命が危ない、死ぬかもしれない」と気づき、それを避けて生き残った人々の子孫が私たちです。

つまり、私たちは遺伝子レベルで「これまでと違う行動をすると命が危ない」という情報が刻み込まれているのです。そのため、**子どもの頃に刷り込まれた「これまでの行動」が、現在の私たちの行動を支配している**のです。

だから私たちは、人間のそのような習性をしっかりと理解し、「変えなきゃいけない」と意識しない限り、人からの評価やお金を気にして「やってみたいこと」に挑戦しない状況を続けてしまうのです。

そもそも、65歳以上の無職夫婦世帯の平均貯蓄額は2504万円となっており（2023年総務省統計局「家計調査報告（家計収支編）」より）、すでに十分な額を貯め込まれています。それでも、多くの方は「老後にお金に困るのは嫌だから」と、せっせとお金を貯めています。

でも実際のところ、80歳代の単身世帯では1か月の平均家計消費額は17万円弱です（同調査より）。もちろん、高齢になれば医療費や介護費などもかかるでしょう。それに備えて保険に入っておくことは必要になります。しかし、生活費を見ると、実はそんなに大きな支出にはなりません。

こうして現実を見ると、「**いつ来るかわからない『いざという時』のために、お金はとにかく貯めておく。自分の楽しみのために使うなんてもってのほか**」**という考えや行動は、お金の有効な使い方とは言えない**のではないでしょうか。

それでも多くの人々は半ば自動的に「お金は使わず、できるだけ貯蓄に回す」行動を繰り返し続けています。意識してそれを突き崩すよりも、思い込みに裏付けられた同じ行動をずっと続ける方が楽だからです。

では、どうすればこの思い込みを突き崩せるか。それこそがデスマインドです。「死は必ずやってくるから、その時までにこの地上でたくさんの経験をしよう」。自分なりの前向きな動機付けがうまくいったときに初めて、私たちは思い込みから解放されるのです。

# 6 思い出を作るための3つの要素がそろう瞬間はない

さて、ここで衝撃の事実をお伝えします。私たちが思い出に残る経験をしようとしたら、3つの要素が必要です。それは**「お金」「時間」「体力」**です。ところが、この3つが無理なくそろう瞬間は、人生ではなかなかありません。ほぼないと考えた方がいいでしょう。

若い頃は、「体力」と「時間」はありますが、「お金」がありません。でもお金がなくて若いからこそ、バッグパッカー旅行や、自転車での日本一周、富士山登山などの冒険ができます。働き始めると、「お金」と「体力」はありますが、圧倒的に「時間」がなくなります。年に1・2回、家族旅行に2泊3日で行くのが精一杯、という日々が続きます。そしてリタイアした頃には、「お金」と「時間」はできますが、「体力」がないという状態になります。日帰りのバス旅行が精一杯、ということになるのです。日帰りでは日本一周はなりません。

できませんし、体力がなければ富士山登山も無理でしょう。子どもたちは独立しているので、一緒に旅行に行くことも難しいでしょう。

こんな風に私たちの人生を俯瞰すると、**「お金」「時間」「体力」の3つがそろう瞬間はほぼない**のです。ではどうしたらいいか。**どこかの段階で、片目をつぶって、思い切ってやってみる。これしかないのです。しかもまだ体力があるうちに。**

若いときなら、親に借金をしてでも、行ってみたかったインドに行ってみる。働き始めたら、会社の上司に嫌味を言われても、家族と1週間のんびり沖縄旅行に行く。このようにお金や休暇は後からなんとでも挽回できます。でも体力だけは「10日間だけ元気にしてください」とはできないのです。私が「思い出を作るなら、できるだけ早くした方がいい」と考える理由、おわかりいただけたでしょうか？

これも、「死が近くなったら、体力がなくなる。どうしたって体力の低下は補えないなら、どうしたらいいだろう？」とデスマインドで考えた結果、達した結論なのです。

エピソード

## 妻からの最後の手紙

これは私がお手伝いをしたクリスチャンの葬儀で、亡くなった奥様からの手紙を、遺族代表である旦那様の希望で読み上げたものです。

親愛なるあなたへ
あなたがこの手紙を読んでいる頃、私はもうこの世にはいないでしょう。突然こんな形であなたに別れを告げることになるなんて、まさか思ってもみませんでした。
私たちが結婚してから、もう30年が経ちましたね。長いようであっという間だったこの年月、私はいつもあなたと一緒に歩んでいられることが幸せでした。あの日、あなたと「ずっと一緒に」と誓ったこと、覚えていますか？　私は、あなたとずっと手を取り合って、歳を重ねていけると信じていました。でも、こんなにも早くその時間が終わりを迎えることになるなんて、本当に予想外でした。私の病が発覚したとき、あなたの顔に浮かんだ驚きと戸惑いを今でも鮮明に覚えています。医師から「治る見込みはない」と告げられた瞬間、私も言葉を失いました。でも、これが、神様が私に与えられた運命なのだと受け入れることにしました。

思えば、子どもが生まれてから、私たちの間には少しずつ心の距離ができてしまっていましたね。私は母親としての役割に専念し、あなたは仕事に打ち込んでくれていました。家族を守るために頑張ってくれていたことを理解しているつもりだけれど、少し寂しかったのも事実です。それでも、私たちはそれぞれの立場で家族のために尽くしましたね。

病気がわかってから、私たちの関係が少しずつ変わっていったことに、私はとても感謝しています。あなたがそばで支えてくれて、一緒に時間を過ごしてくれることで、私は不安な気持ちも和らぎ、心が満たされるようになりました。今までお互いに向き合う時間が少なかった分、この限られた時間の中で、あなたと向き合えたことが私にとってどれだけ大切だったか、言葉では表せません。

そして、あなたが親身に私を支えてくれたことに、本当に感謝しています。あなたの優しさに、私は何度も救われました。私が弱音を吐くたびに、真剣に耳を傾けてくれたあなたの存在が、私にとってどれほど心強かったかわかりません。こんなに近くで見守られているという安心感は、私にとって何よりも力になりました。あなたと共に歩んできた日々を思い返すと、愛されていることの幸せを改めて感じます。

ここまで来ると、私の中に不思議と恐れはありません。一足先に天国に行くことになりますが、私は決して1人ではないと感じています。これまであなたや子どもたちと過ごしてきた日々が、私の中に温かい記憶として残っているからでしょう。天国でも、私はずっとあなたたちを見守り続けます。だからどうか安心してくださいね。

子どもたちのことを、よろしくお願いします。あの子たちはまだ若く、母親がいなくなることで心にぽっかりと穴が空いてしまうでしょうから。それでも、あなたがそばにいてくれたら、きっと大丈夫だと信じています。あなたは父親としても素晴らしい存在であり、あの子たちにとってかけがえのない支えですから。私があの子たちのために、もう母親としての役割を果たすことができなくなるのがとても悲しく、悔しいです。でもその分も、あなたがたくさんの愛情を注いでくれると信じています。

最後に、私はあなたに心からの感謝を伝えたいと思います。共に歩んできたこの30年間、あなたと過ごせたことが、私にとって何よりも幸せでした。たとえ別れが訪れても、私たちの絆や思い出は決して消えることはありません。あなたと過ごした日々が、私の人生を豊かにしてくれたことに、心から感謝しています。

どうか、これからもあなたらしく、神様にお喜びいただけるように精一杯生きてください。そして私がいなくなる分、ぜひ末長く健康で、子どもたちを支えてください。どうぞゆっくり地上での時間を過ごしてください。私はいつまでもあなたを天国で待っています。ありがとう。あなたと出会えて幸せでした。またいつか天国でお会いしましょうね。

あなたの妻より

# 第3章

## 安心して「死」を迎えるための7つの準備

DEATH MIND

# 1 本当に必要なものを見極め、断捨離しておくこと

人生の終わりに訪れる「死」は、誰もが避けられない現実です。しかし、その時が来ると、**私たちは何ひとつこの世から持っていくことができません。**たとえ長年大切にしてきた高価なものや思い出の品であっても、死後、それらを持ち運ぶ手段はなく、すべてがこの世に残されてしまいます。

このことを知ると、「今の自分に本当に必要なものは何か」という視点で、身の回りのものを見直す必要性が浮かび上がってきます。

**断捨離は、自分にとって本当に必要なものや人間関係を見極め、不要なものを整理する行動です。**多くの人は「今、必要だから」と思ってモノを持ち続けますが、実際には使っていないことがほとんどで、家族や親しい人にとっては、むしろ「処分が面倒なもの」で

しかないこともあります。

特に、衣類や装飾品、収集したコレクションなどは、所有者にとっての思い出が詰まっている一方で、他の人にはただの「モノ」にしか見えない場合が多くあります。

例えば、普段使っていない食器や衣類、長年保管している古い書籍や写真。あなたが大切だと思っているこれらも、残された家族にとっては処分の負担になるかもしれません。

実際に、**葬儀社の目線から見ると、残されたモノの整理は想像以上に大変**で、家族が故人の遺品を片づけるために、多大な時間や労力が必要になることが少なくありません。断捨離を行うことで、モノが減るだけでなく、自分の死後に大切な家族に負担をかけずに感謝されるのです。

**モノを減らし、最終的に大切にしたいのは「身近な人々との時間」や「思い出の共有」**です。断捨離をすることで、本当に価値があるものに目を向けることができ、自分の生き方や家族との関係を改めて見直す機会にもなります。

## 2 「生きる作法」と「死ぬ作法」を心得ておくこと

私は、**生きるのにも、そして死ぬのにも、作法がある**と感じています。

作法と言っても、単なる礼儀や行動の手順のことではなく、「人生に対する姿勢」のようなものです。生きる中で人とのつながりを大切にし、心を込めた行動を意識することで、人生において品格や尊厳が生まれるのです。

ある高齢の方が亡くなった際、ご家族が丁寧に遺品整理をしている場面を目にしました。その方は生前から身の回りの物を少しずつ整理していらっしゃったようで、ご家族がモノの処分に困ることもなく、むしろ故人の気持ちが伝わるような品々ばかりが残されていました。

それを整理しながら、故人のお孫さんが「お母さん、おばあちゃんって冬はよくこのセーターを着ていて、私が遊びに来ると『まあ、来てくれたの。ありがとうね』って言ってくれたよね」と話している声が聞こえました。

この方のように、**日頃から大切なものだけをそばに置き、周囲に感謝を伝え続けることが、生き方の作法**と言えるでしょう。

一方、**死に方の作法で最も大切なのは、死を恐れるのではなく自然の一部として受け入れて、心の準備を整えること**です。

死はすべての人に訪れるものであり、避けることのできない「旅立ちの瞬間」であると捉えると、その恐怖が少し和らぎます。死を受け入れるための心構えがあることで、最期の時に穏やかでいられることが、死に際の品格を生むと感じています。

# 3 「ありがとう」をたくさんの人に伝えておくこと

次は、**できる限り周囲の人に感謝の気持ちを伝えること**です。生き方の作法に通じるものですが、それを最後まで、できるだけ長く続けましょう。

あなたは「ありがとう」を周囲に伝えていますか？「家族だから・親友だから・同僚だから言わなくてもわかるだろう」と勝手に決めつけて、感謝を伝えることをサボっていませんか？

近しい人だけでなく、お店の人やちょっとした知り合いにも軽やかに言葉をかけ、お礼を言うことができる人の周りには、自然と人が集まります。なぜなら、みんな「ありがとう」と言われたら嬉しいからです。自分がしたことが誰かの役に立った、幸せにできた。それが確認できたら、「もっと頑張ろう」という気持ちに火が灯るからです。

だから、**元気なうちから、周囲にたくさんの「ありがとう」を伝えましょう。**今の日本は「お客様は神様」の意識が強くなり、文句は言うけれどお礼は言わない人が増えています。だからこそ、小さなことでも意識して感謝の気持ちを伝えましょう。あなたが一言かけるだけで、相手の心は花が咲いたように嬉しくなるものです。もしかするとその人の1日が、あなたのたった一言で明るく変わるかもしれません。

年を取って病に苦しんだり、痛みが激しかったりする場合には、感謝の言葉なんて出ないと思うときもあるかもしれません。でも、そんなときこそ「そばにいてくれてありがとう」と一言、伝えるだけでいいのです。言葉が出ないなら、ただ相手に微笑むだけでもいいのです。**懸命に伝えられた感謝は、それを受け取った相手の心に、いつまでも美しい思い出として残る**ことでしょう。

**死んでしまったら、誰かに感謝を伝えることはできなくなります。**ですから、生きて伝えることができる間に、できるだけ多くの人に電話やメール、葉書ででも、感謝を伝えましょう。すると、周りの人々も温かく見送る心の準備ができ、良い循環が生まれます。

## 4 家族と和解して情報を共有しておくこと

葬儀社から見て、**最も難しくて大切なことは、家族と向き合うこと**だと感じています。ぜひ家族との和解や別れをしっかりと行っていただきたいと思います。

場合によっては、過去のわだかまりが残っていることもあるかもしれません。それでも、死を目前にして家族が向き合い、率直にこれまでの思いや考えを言葉にして伝え合うことで、思い違いや記憶違いが正されます。そして、それを積み重ねることで、今までよりもお互いを深く理解できるようになり、心の整理をつけやすくなります。

**ご家族があなたの死後、「お父さん、お母さんは、一体何を考えていたんだろう?」とずっと答えの出ない疑問を持ったまま生きることは、できるだけさせないであげてほしい**と思います。それは一生涯、家族に重荷を背負わせることになるからです。このことをぜひ頭の片隅に置いておくことをおすすめします。

また、家族に死後どのようにしてほしいかを話すことで、自分の気持ちが伝わり、残された家族も気持ちの準備ができるでしょう。

このとき、エンディングノートの存在や、保管場所も教えておきましょう。「改ざんされるのでは？」という疑いの気持ちを持つのであれば、それはまだ家族と十分に和解していない、向き合っていないということです。そういった懸念ができるだけ小さくなるまで、ぜひ話し合いを続けてください。**亡くなる前に家族で和解をしておくことは、わだかまりや不信感を溶かし、残された家族が気持ちよくあなたを送り出すための、あなたからの最大のプレゼント**になります。また、エンディングノートに書ききれなかったことでも、思い出したことはご家族と情報を共有しておくことをおすすめします。

このように、**家族に思いを伝えたり、身辺を整理したりしながら旅立ちの準備を進め、残された時間を有意義に過ごすことが、真に充実した人生を築くための大切な要素となる**のです。

# 5 エンディングノートを見つけやすい場所に保管しておくこと

**エンディングノートや遺書を適切な形で用意して、あなたの遺志をすぐにわかるところに保管してくことも大切です。**

どのように送り出されたいかや、家族へのメッセージなどを事前に残しておくことで、故人の気持ちが伝わりやすくなり、残された人々も故人の思いを尊重しやすくなります。送る側は「故人の思いを最大限尊重し、できるだけ希望に沿った葬儀にしたい」と思っているでしょうから、それがはっきりとわかるように書いてあると、ご家族に喜ばれます。

時折見かける「みんなのいいようにしてください」では、「いいように」を誰も決められず、かえってご家族が頭を悩ませることになります。ぜひ、どのように送り出されたいかの希望と、そこに込めた思いを書いておいてください。

そして、**エンディングノートは見つけやすいところに保管しておきましょう。**

例えば、エンディングノートが、葬儀や相続手続きが終わって3か月後に発見されたのでは、意味がありません。「ええっ!? お父さんはこうやって送り出されたかったの? 全然違う形で見送ってしまった。もしこのノートが先に見つかっていたら、お父さんの最後の願いを叶えられたのに」とご家族をがっかりさせるようなことはしないでください。

**エンディングノートには、さまざまなデジタル資産の情報や、各種SNSアカウントの詳細も忘れずに書いておきましょう。**最低限、PCやスマホのパスワードも書いておかないと、残された家族は中のデータに触ることすらできません。

特に、オンラインバンクや証券、投資などの情報は、その後の相続財産の計上に関わってくることなので、大切です。どこのどんな金融機関に、いくらぐらい入っているかを、

「〇年〇月〇日現在」でいいので、書いておくと目安になり、ご家族に喜ばれます。

エンディングノートの書き方や、終活については、いろいろな形でセミナーが行われています。ほとんどが無料で参加できますので、もしご近所で開催されているのを見つけたら、ぜひ一度参加されることをおすすめします。

ちなみに、私が運営する葬儀社（株式会社ライフワークス）のホームページから、書きやすいエンディングノートを無料でお配りしていますので、ご興味のある方はお気軽にお申し込みくださいね。私が講師を務める終活セミナーも開催していますので、ぜひご参加ください。

主催者がどんな意図でやっているかわからない。何かを売りつけられそうで嫌だ。そう思う方は、ＮＰＯ法人など非営利団体が行っているセミナーもたくさんありますから、調べて出かけるか、または、電話で相談するところから始めてもいいでしょう。

# 6 「本当にやりたいことリスト」を作成すること

映画「最高の人生の見つけ方」（ワーナーブラザーズ、2007年）をご存じでしょうか？

勤勉実直な自動車整備工と、大金持ちの豪腕実業家。共通点の何もない、出会うはずのない2人が、お互いに人生の期限を言い渡され、人生の最後に病院の一室で出会います。そして死ぬまでにやっておきたい「バケット・リスト（棺おけリスト）」を書き出し、人生の最後までを精一杯生きていくストーリーです。

リストには、「荘厳な景色を見る」「赤の他人に親切にする」「涙が出るほど笑う」「スカイダイビングをする」「ライオン狩りに行く」「世界一の美女にキスをする」といった、簡単にできそうなことから突拍子もないことまで、さまざまな項目が並んでいます。

そうして2人は、生涯最後の冒険旅行に出かけます。人生でやり残したことを叶えるために。棺おけに後悔を持ち込まないために。そして、最後の瞬間に最高の人生だったと心の底から微笑むために。

残された時間は6か月。余命宣告を受けた2人の男性が、限られた時間の中で「本当にやりたいことリスト」を作り、1つ1つ実現していく様子が描かれた映画でした。

私たちもまた、健康に動ける時間が永遠に続くわけではありません。人生には誰にでも、健康寿命というリミットがあります。これを超えた最後の10年近くは、病気や介護と共に過ごす可能性が高いという現実は、すでにご説明したとおりです。この現実をしっかりと受け止めることで、今を生きることがどれほど大切なのか、考えるきっかけにすることができます。

しかし、「本当にやりたいことをやるのは、いつか時間ができてから……」と思っている方も多いでしょう。でも、その「いつか」は自分で意識して確保しなければなりません。

「まだ」「いつか」とずるずると先延ばしにしていたら、「いつか」が来る前に身体が動かなくなる可能性も大いにあるのです。

だからこそ、**今この瞬間に「本当にやりたいことリスト」を作り、その中の項目を1つ1つ実現していくことが、人生を充実させるための鍵となる**のです。

まずは、心の中にある小さな願望を拾い上げてみましょう。「あの場所に旅行に行ってみたい」「若い頃に夢見ていたあの趣味に挑戦してみたい」「ずっと会いたかった人に連絡をしてみよう」。そんなシンプルな思いでも構いません。書き出すことで、あなた自身が何を求めているのかが少しずつ見えてきます。

ここで気をつけたいのは、**まず「やりたいこと」に大小の区別をつけないこと**です。

例えば「世界一周旅行をする」といった大きな夢から、「友達と一緒に美味しいお酒を飲む」といった小さな楽しみまで、どんなことでもいいのです。そして、かかる費用を考えて「いざという時に困らないように、お金は減らせないからリストアップはやめよう」というのもナシにしましょう。**大切なのは、自分の心に正直になり、本当にやりたいことをリストアップすること**です。

そして、このリストはただ夢を見て終わるものではありません。**実際に行動に移すことが重要**です。

映画の中でも、2人の主人公がリストに書いたことを1つずつ達成していく中で、自分自身を見つめ直し、新たな人生の価値を発見していきました。私たちも同じように、リストに書いたことを実現するたびに、心が満たされ、人生がより豊かになるのを実感できるでしょう。

さらに、このリストは完成品である必要はありません。日々の生活の中で項目が増えたり、変わったりしてもいいのです。**大事なのはリストを完成品にすることではなく、あなたが自分の人生をしっかりと見つめ、今をどう生きたいかを自分自身に問いかけ続けるこ**

**と**です。

実際に「本当にやりたいことリスト」を作っていくと、そのリストがあなた自身の人生の指針になっていきます。

例えば、健康なうちに挑戦したいこと、行きたい場所、出会いたい人、伝えたい言葉……そういった小さな願いを集めて「見える化」すると、「あ、自分はこれをしたかったんだ。じゃあちょっと意識してウォーキングもしておかなきゃ」など、前向きに生きる力が湧いてくるのです。

映画「最高の人生の見つけ方」のように、私たちもまた、自分自身の「本当にやりたいことリスト」を作りましょう。そして、まだ身体が動かせる健康寿命の間に、そのリストを少しずつ達成していきましょう。そうすると、自分にとっての本当の幸せや生きがいを見つけることができるでしょう。そして**その先にこそ、あなたにとっての「最高の人生」が待っている**のです。

私も、毎年、年末年始に自分自身の「本当にやりたいことリスト」を見直し、新しく書き足すようにしています。そしてそのリストを見ながら、これまでの1年を振り返りつつ、新しい1年をどう過ごすかを考え、実現するための計画を立てています。その結果、1年ごとに小さな夢を叶えながら、人生そのものがより充実し、豊かになっていると感じています。

今という時間は、いつまでも続くものではありません。だからこそ、**元気でいられるうちに、全力であなた自身の人生を楽しみ、充実させてください。**それが、健康寿命を見据えた「本当にやりたいことリスト」の意味であり、デスマインドを持って生きるための大切な一歩だと感じます。

# 7 筋トレをしておくこと

え？ 今さら筋トレなんて……。と思われるかもしれません。大丈夫です。本格的なハードなトレーニングは必要ありません。バーベルをあげろ、とか、トレーニングジムに通え、というほどの話ではありません。

でも、**人間の筋肉は落ちるのは早く、つけるのは大変**です。一流のアスリートでも、ケガなどで動かせない間に落ちた筋肉を元に戻すためには、毎日厳しい筋トレをしなければならないほどです。

だから、「筋肉をつける」とまでは考えず、「今ある筋肉を維持する」ことを考えてください。ご自身の体調や体力に合わせて、椅子に座ったままできる体操を行う、スロースクワットを1日10回だけ行う、といった「簡単な筋トレ」の情報はたくさんあります。

身近なところでは、NHKの「みんなの体操」の時間も、椅子に座ったままできる体操を紹介しているので、一緒にやってみるのもよいでしょう。

もっと体力がある方は、ぜひ「ラジオ体操」に挑戦してください。遠い昔、子どもの頃には「これの何が体操なの？」と思っていた動きの1つ1つに身体が悲鳴を上げる、という嬉しくない体験ができます。

筋トレをおすすめするのは、何も今からボディビル大会への出場にお誘いするためではありません。**ご家族にとって、あなたの足腰が弱り、動けなくなること、またどこかで転倒されることが一番の心配ごとだから**です。ご高齢の方の転倒は、寝たきりへの道まっしぐらです。

できるだけ最後まで自分の足で歩きたいと思いませんか？　ご家族に苦労をかけたくないと思いませんか？　そうであれば、筋トレは最善の家族孝行になります。

エピソード

## 棺の中の夫へ「また天国で会いましょうね」の真意

ある葬儀の場面で、若いご夫婦が別れを告げるシーンに立ち会いました。夫はまだ若く、小学生や中学生くらいの子どもたちを残して、がんで亡くなったのです。その悲しい現実を前に、妻は葬儀の最後、棺の中の夫にそっと近づきました。

葬儀はキリスト教式で行われ、牧師が祈りを捧げ、参列者も静かに見守っていました。棺の前には白い花が供えられ、妻はその花を一輪一輪手に取りながら、夫の体の周りに丁寧に並べました。そして、最後の瞬間が近づいたとき、妻は夫の顔にそっと手を伸ばし、その頬を愛おしそうに撫でました。その動きは、長年寄り添ってきた夫婦だからこその親密さが感じられるものでした。

彼女は、夫の頬を撫でながら「また天国で会いましょうね」と静かに囁き、最後の別れを告げました。その後、彼女は夫にキスをし、穏やかな表情を浮かべて一歩下がりました。その言葉には、愛する人との別れを惜しむと同時に、彼女自身がこの別れを受け入れ、未来への希望を見出そうとしている姿が感じられました。

日本では、死後の世界に対して明確なビジョンを持つ人は少ないかもしれません。「輪廻転生」や「生まれ変わり」といった言葉があるように、死を「暗闇」や「漠然とした未知」として捉えることが多く、死に対する恐怖が色濃くあります。

しかしキリスト教では、死は終わりではなく、天国への凱旋、つまり神の御許への帰還だと考えます。人生は一度きりで終わるのではなく、死後は天国という永遠の場所で安らぎ、愛する人たちと再び会えるという希望を持っているのです。

彼女の「また天国で会いましょうね」という言葉は、そんなクリスチャンとしての信仰に支えられたものでした。大切な人を見送る悲しみや寂しさはもちろんあったでしょうが、その中には、「またいつか会える」という前向きな気持ちが灯されていました。この「再会への希望」があることで、彼女は死を怖がるのではなく、新たな出発として夫を送り出すことができたのでしょう。「死は別れではなく、一時の旅立ち」とするクリスチャンの考え方が彼女の心を支えていたのです。その信仰が、彼女にとっての慰めであり、夫との再会を信じる強さを与えていたのかもしれません。

さらに、彼女が夫に最後の別れを告げるその場面を見たとき、私自身も深い感動を覚えました。彼女の「また天国で会いましょうね」という言葉には、単なる慰め以上の意味が含まれていたように感じたのです。彼女にとって、夫は永遠の伴侶であり、その愛は死を超えて続くものだと信じているからこその言葉でした。

また、死後も心がつながっているという信念があるからこそ、残された家族も「お父さんが見ている」と感じ、彼を思いながら日々を生きる力にできるのではないでしょうか。彼が家族に残していった「愛の記憶」が、今後の人生の支えとなり、彼女や子どもたちに「全力で生きる」希望を与えることでしょう。

彼女の言葉から、「死」は決して終わりではないこと、むしろ愛する人との再会へと続く道であるということを改めて認識させられました。愛する人を亡くすことには大きな悲しみを伴いますが、「また会える」という希望があるからこそ、その別れが前向きな意味を持ち、温かいものへと変わっていくのです。

このエピソードを通して、私たちもまた「死」を悲しいものではなく、再会へとつながる始まりとして捉えることで、愛する人を送り出すことができるのだと、強く感じられるのではないでしょうか。

# 第4章

## 葬儀社が見た
## 4つの残念な旅立ち

DEATH
MIND

# 1 部屋がモノであふれていたAさん

ある葬儀の打ち合わせ中、ご家族である娘さんと息子さんの様子が気になったことがありました。お2人とも、心身ともにあまりにも疲れ切った様子だったのです。

亡くなったのは80代女性のAさんでした。お2人と打ち合わせをしている間に、どうも**Aさんの部屋がモノであふれており、その影響が葬儀の準備にまで及んでいる**ことがわかりました。

「大事な書類がまだ見つからないのよ」。

「印鑑もどこにあるのかわからなくて……」。

2人の疲れた声に込められた焦りは、ただの準備不足ではなく、部屋に散乱したモノたちへの対応の難しさから来ているようでした。

葬儀が無事に終わった後、娘さんが私に話しかけてくれました。その表情には安堵がありましたが、それ以上に疲れがにじんでいました。

「母の部屋が、本当に大変なんです。若い頃はいつも片づいていて、母自身も私たちに『ちゃんと整理しなさい』なんてよく言っていたのに……。いつの間にか、母の部屋はどこに何があるのかわからない状態になってしまっていました」。

娘さんによると、Aさんの部屋は押し入れもタンスも机の引き出しも、モノでいっぱいだったそうです。Aさんにとって大切なものだったのか、ただ単にそこに置いたままにしてあったのか。その理由すらわからず、古い新聞や封筒、本、洋服、化粧品、食器、空き瓶、未開封のティッシュペーパーや食料品などをかき分け、大切な書類や印鑑、通帳などの探し物をしているのだとか。でもそのたびに、何がどこにあるのか、置いてあるモノの位置の法則すらわからず、途方に暮れる日々が続いているといいます。

「遺品整理屋さんに頼んで一気に片づけてもらうことも考えたんですが、それでは母に申し訳ない気がして……。弟と少しずつ片づけているんですが、正直もう限界です」。

娘さんはため息をつきながら「中にはきっと母の大切な思い出の品もあるのだと思います。ですが、あの山のようなモノは……。きちんと整理整頓をして、いらないものはすぐに捨てていた母のしたこととは信じられません」と語りました。

「母は、多分あるときから『後で片づければいい』と考えを変えたのだと感じています。最初はちょっとした理由で、ちょっとしたものだけだったのでしょう。でもそれが積もり積もって、気づいたらどうにもならない量になってしまった、ということかもしれません。もしかするとその理由が、身体が思ったように動かない、とか、気力がない、体力が落ちた、ということだったら……。責められないですよね」。

そう語った娘さんは、苦笑いをしながらも疲れ果てた表情でした。この言葉には、娘さん自身の戸惑いと寂しさ、そして後悔がにじんでいました。

モノが片づけられなくなるのは認知症の症状の1つとも言われていますが、整理整頓が上手だったAさんがこんなにも変わってしまった理由は、正確にはわかりません。でもそれが、加齢に伴う体力や気力の衰えだったのであれば、もっと早くに気づいていれば何かできることがあったのではないか。そんな自責の念にかられていたのでしょう。

片づけを先延ばしにすることは、日常生活の中ではよくあることです。しかし、それが繰り返され、長期間続くと、片づけるべきモノは膨大な量になります。

Aさんのようにそのまま亡くなってしまうと、**残された家族がモノの片づけに追われることになる**のです。

娘さんは話を続けました。

「話を聞いてもらって、少しすっきりしました。でも、片づけはまだまだ終わらなくて……。毎日片づけに追われていると、正直、疲れ果てます。でも、母が大切にしていたものもあるかもしれないので、雑に扱うこともできなくて……」。

Aさんの家族は、モノに向き合い、その1つ1つがAさんにとってどのような意味があったのかを考えながら、コツコツと片づけをしています。今となっては1つ1つのモノへのAさんの思いがわからず、手探りで進むしかないからです。

この「考えながらの片づけ」は、「もしこの山の中に、Aさんの大切な思い出の品があったら、それは大切に保存してあげたい」という愛情が支えています。しかし、**結局は1つ1つを考えながら分別していくよりほかはなく、なかなか片づけが進まないため、ご家族を苦しめているのも事実**です。

Aさんの部屋に溜まったモノは、片づけを後回しにした結果として、ご家族に大きな負担を残しました。もしAさんが「後で片づけよう」と思うたびに「いや、今、やろう」と実行していたら、Aさんの部屋は今頃もっと違っていて、残されたご家族も感謝しながらAさんを見送ることができたかもしれません。

このエピソードは、「片づけを後回しにすることが、後にどれだけの負担を生むか」ということを教えてくれました。デスマインド的視点からは、「やるべきことを先延ばしにしない」という生き方の重要性を強く感じる出来事でした。

大量の洋服や子どもたちを育てていた頃に使ったたくさんの食器。それらには確かにさまざまな思い出が詰まっていることでしょう。でも、もう一度使うことはあるだろうかと自分自身に問いかけてみてください。もし「ない」と思ったら、それらのモノへ「ありがとう」と感謝をしてから、しかるべき処分をすることが大切です。**残すのは、家族に負担をかけることとイコールだから**です。

元気なうちに「何を残すか」「モノとどう向き合うか」を考えるのは、デスマインド思考ではとても大切です。「立つ鳥後を濁さず」と言われるとおり、**人生を卒業するときには、残すモノは少なくしておくのが人生の作法**と言えるでしょう。

# 2 家族と和解していなかったBさん

葬儀社の立場である私がその会話を聞いたのは、Bさんの遺体が葬儀式場に運ばれた翌日のことでした。80代のBさんは独居生活を続け、静かに息を引き取られました。その日は親族が集まり、棺の周囲で最後のお別れをしていました。遠くに住む息子さんと娘さんも駆けつけていましたが、どこかよそよそしい空気が漂っていました。

お別れの準備が進む中、私は棺を整えるため隣室に身を隠すようにして待機していました。そのとき、家族の話し声がふいに聞こえてきました。耳を塞ぐべきかと思いながらも、深い悲しみやわだかまりが入り混じったその声に、思わず耳を傾けてしまったのです。

「俺さ……父さんを許せなかったんだ。最後の最後まで」。息子さんの低い声が静かな部屋に響きました。その口調は落ち着いていましたが、長年の葛藤をにじませていました。

「あなた、まだそんなことを言っているの?」。娘さんが困ったように言葉を返しました。柔らかな声でしたが、そこには呆れと諦めの気持ちがうかがえました。


「そうだよ、俺はまだ納得してないんだ。母さんがあんなに早く亡くなったのは、父さんが気づかなかったせいだ。もっと早く母さんを病院に連れて行ってさえいれば……助かったんじゃないのか?」。息子さんの声は震えていました。その一言に、何年にもわたる思いが凝縮されているようでした。

「でも……お父さんだって1人で必死にやっていたと思わない? お母さんが亡くなった後も、一生懸命に働いて私たちを育ててくれたじゃない」。娘さんは父親をかばうように言いましたが、どこかその言葉に自信が持てないようにも感じました。

「でもさ、もっと早く母さんを病院に連れて行っていたら、早く発見できて母さんは生きていたはずだろう? それを認めないで、父さんは何も言わず、ただ過ぎたことにしてきた。許せないよ」。息子さんの声には、長い間抱え込んでいた怒りと哀しみが混ざり合っていました。

「お父さんは、本当はどう思っていたんだろう」。娘さんがぽつりと呟きました。その一言に、部屋の中の空気が変わりました。

「どうも思ってなかったさ。あの人はいつも無口で、何を考えているのか全然わからなかった」。しかしやはり、息子さんの返事は、冷たさと諦めがこもったものでした。

「それでも、最後まで1人で暮らしていたじゃない。お母さんと一緒に暮らしたあの家で。それがお父さんなりのお母さんへの思いだったんじゃない？」。娘さんは悲しげに言いました。

ふと、息子さんが声を低くしました。「俺、最後に父さんと話したの、もう何年前か覚えてないよ」。その言葉に、娘さんも返事ができない様子でした。

「母さんのことで、あの人とはずっと距離を置いていた。それに、あの人も俺に歩み寄ろうとはしなかった。最後の別れがこんな形になってしまって……どうしたらいいんだろうな」。息子さんの声は、次第に哀しみに変わっていきました。

「私もお母さんが亡くなったことを、どこかでまだ受け入れられていないの」。涙をこらえるように娘さんの声も震えていました。
「でも、お父さんのことを責めても、もうどうにもならないってわかっている。ただ、お父さんに最後まで何も聞けなかったことが、悔しいし、心残りなだけ……」。

私はその場からそっと離れました。家族の中にあるわだかまり、そしてBさんとの間の未解決の事柄。それが最後の瞬間まで解きほぐされることがなかった現実を思うと、胸が締めつけられるような気持ちになりました。

Bさんの死がもたらしたのは、喪失感だけではありませんでした。**家族間の対話の機会を奪い、未解決のまま残された問題を浮き彫りにしてしまった**のです。Bさんがどんな思いを抱えながら亡くなったのかは、今となっては知る術がありません。しかし、家族と和解できないまま旅立ったBさんの姿は、私の心に深く刻まれました。葬儀が進む中で、私はBさんの穏やかな顔を見つめました。**彼が何を思い、何を伝えたかったのか。それを知ることができたなら、残された家族も、もっと前に進めたのかもしれません。**

# 3 エンディングノートがたくさんあったCさん

90代でこの世を去ったCさんは、その生涯を通じて数々の事業を成功に導くなど、傑出した人物でした。常に精力的に働き、晩年まで自分の足で立ち、まさに「やるべきことをすべてやり遂げた人」として周囲に尊敬されていました。さらに、彼の几帳面な性格は誰もが知るところで、家族やビジネスパートナーの間では「Cさんなら、きちんとすべての準備を整えているだろう」と信じられていました。

そんなCさんが遺したエンディングノートは、一見してその期待を裏切らないものでした。ノートはきれいに整えられており、Cさんらしい几帳面な筆跡でびっしりと書かれていました。しかし、そこには思いも寄らない混乱が待ち受けていたのです。**エンディングノートが「たくさん」あった**のです。

それぞれのノートには、遺産の分け方や葬儀の詳細について、事細かに指示が書かれていました。しかし**その内容は、ノートごとにバラバラ**でした。家族に頭を抱えさせたのは、**ノートに日付が記されていなかったこと**でした。どれが最新のものなのかが全くわからなかったのです。

例えば、あるノートには遺産を長男と長女で均等に分けるようにと書かれていましたが、別のノートには「長男が会社を継ぐのだから、長男が多く受け取るべき」と記されていました。さらには、「家族だけで遺産を管理せず、一部を会社の運営資金に充てるべき」といった指示まで見つかりました。**これらの矛盾する内容に、ご家族も、後を継いだ元専務で現社長のNさんも、途方に暮れることとなりました。**

葬儀の細部にわたる部分でも混乱をきたしました。ノートには葬儀で使う花やＢＧＭ、さらには招待客リストまで詳細に記されていましたが、こちらもノートごとに内容が異なっていたのです。

葬儀で使う花について、あるノートには「白いユリだけでシンプルに飾ってほしい」と書かれていた一方、別のノートには「華やかなピンクのバラで祭壇を彩るように」との指示がありました。BGMについても、「私の好きだったクラシック音楽を流してほしい」と書かれているものもあれば、「私が最後に聴いたジャズを」と全く異なる指示が書かれているものもありました。招待客リストも同様で、あるノートには「家族と親しい友人だけ」と記されていた一方、別のノートには「過去にお世話になったすべての取引先を招待してほしい」とありました。**結果として、家族もNさんも誰を招くべきかを決められず、最終的には現場で慌ただしくリストを調整することになりました。**

「Cさんほど準備万端な人が、こんな形で混乱を残すなんて……」。Nさんは深い溜め息をつきながら言いました。彼はCさんの片腕として長年寄り添い、後継者として会社を引き継いだ人物です。そのNさんでさえ、この複数のエンディングノートがもたらした混乱には手を焼いていました。葬儀社としてNさんと打ち合わせをしましたが、「どれがCさんの最終的な意思なのかわからないんです。ノートの内容をどれか1つに絞り込むことは、私たちにはできません。結局、家族や私たちで折衷案を探すしかないんです」と困り果てていました。ご家族もまた、ノートの矛盾に苦悩していました。息子さんは「父さんの意思を尊重したい」としながらも、具体的にどうすればよいのかわからず、娘さんも「私たちにこれを判断させるなんて酷だわ」と困っていました。

**エンディングノートが複数あったことで、Cさんの最期は皮肉にも「残された家族や関係者に迷いの残る旅立ち」となりました。**多くの事業を成功させ、人生を几帳面に生き抜いた彼が最後に遺したものが「混乱」であったことは、残された家族や関係者にとって、大きな悲しみとなりました。

葬儀が終わった後、Nさんは静かに語りました。「Cさんは本当に優れた経営者でした。ですが、最期の準備については、もっとシンプルにしておくべきだったのかもしれません。複雑な指示が、かえって家族に負担を与えてしまったように思います」。

Cさんのケースが私たちに与えてくれた大切な教訓。それは、**最期を迎える準備には、家族や関係者に「何を伝え、どう残すか」を明確にしておくことが重要**ということではないでしょうか。

## 4 誰からも慕われていなかったDさん

80代でこの世を去ったDさんは生涯教師として働き、功績を残した女性でした。その時代において女性がキャリアを築くことは決して容易ではなく、Dさんの強い意志と努力があったからこそ実現したものでした。

しかし、**そんな彼女の葬儀は、驚くほど静かで寂しいものでした。**葬儀に参列したのは60代の息子さんと50代の娘さん、そしてごくわずかな親戚だけでした。近所の人や教員仲間の姿は、ほとんど見られませんでした。会場の空席が目立ち、静まり返るその様子に、葬儀社として関わる私たちも、どこか胸を締めつけられるような気持ちになりました。

葬儀の手配を進める中で私は、息子さんと娘さんのどこかぎこちない態度に気づきました。2人の間には、言葉にできない緊張感が漂っていたのです。「お母さんは、あんまり優しい人じゃなかったからな……」。息子さんがぽつりと漏らしました。その一言に、娘さんも目を伏せ、静かに頷きました。「お母さんは、私たちに『ありがとう』って言ったこと、ほとんどなかったよね」。娘さんが呟くと、息子さんは少し苦笑いを浮かべました。2人の顔からは、過去の記憶がよみがえっている様子がうかがえました。

**Dさんは、子どもたちが小さい頃から、何をしても「ありがとう」と言うことはなかったといいます。**お手伝いをしても、「次はこれをやって」との指示が飛ぶばかり。「よくやったね」や「助かったよ」といった言葉を聞くことはほとんどなかったそうです。それどころか、「なんでこれができないの？」「どうしてもっと早くやらないの？」と責められることもしばしばで、息子さんが幼い頃に家の掃除を頑張ったときも、「ここがまだ汚れているじゃない」と叱られた記憶があるそうです。娘さんもまた、学校の帰りに買い物を頼まれてその通りにしたのに、帰宅後「これじゃない」と文句を言われたことを覚えていました。「褒められることは期待してなかったけど、せめて『ありがとう』くらい言ってくれたら、もっと嬉しかったかもしれない」。娘さんの言葉に、息子さんはしばらく沈黙した後、小さく「俺も同じだよ」と答えました。

**Dさんの態度は、家族だけに向けられたものではありませんでした。**近所の人や教員仲間、教え子たちにも、彼女の感謝の言葉を聞いた人は少なかったといいます。

近所の人が重たい荷物を家まで運んでくれたときも「そこに置いておいて」の一言で済ませたそうです。職場で「ちょっとこの仕事を手伝ってくれないか」と頼まれても、「それは私の仕事じゃないですから」と突き放すような態度をとることがあったと聞きました。

Dさんの周囲にいた人々は、彼女を「自分に厳しい人」と捉えつつも、その厳しさが他者に向けられることに戸惑いを感じていたようです。彼女の言動が理由で距離を置いた人も少なくなかったとのことです。

Dさんの葬儀は、静まり返ったまま進みました。祭壇の花はきれいに飾られていましたが、それを囲む人の数は本当に少なく、ふいに風が吹いたら会場全体が揺れ動いてしまいそうな寂しい空間でした。この葬儀にDさんの人生が映し出されたようでした。

息子さんと娘さんは葬儀の間ずっと無言でしたが、その表情には、どこか割り切れない感情が見て取れました。もしかすると、最期の瞬間に何かを伝える機会を持てなかったことが心残りだったのかもしれません。

葬儀が終わった後、娘さんが私にぽつりと話しかけてきました。「母は悪い人だったわけじゃないんです。ただ、感謝するっていうことが苦手だったんでしょうね。でも、そのせいで、こんなに寂しい葬儀になっちゃうなんて……」。その言葉には、母親への複雑な思いが込められていました。Dさんが生涯を通じて何を大切にし、何を伝えたかったのか。それはもう知る術がありません。残された家族にとって、その答えはずっと解けない謎として残り続けることでしょう。

葬儀を終えた後、私はふと考えました。もしDさんが、生前に少しでも「ありがとう」と感謝の気持ちを言葉にして周囲にかけていたなら、この場はもう少し温かいものになっていたのではないかと。感謝の言葉には、どんなに些細な場面であっても、人と人とのつながりを深める力があります。その力が欠けていたことが、Dさんの最期をここまで寂しいものにしてしまったのかもしれません。

**「ありがとう」という感謝の言葉は、最後の旅路を温かく見送られるために欠かせないもの**のだと、この葬儀を通じて強く感じたのでした。

エピソード

## どんな金持ちも優秀な学者も最後は何も持たずに天国へ帰っていく

教会で行われたある葬儀のことです。

故人は90代で亡くなった男性で、一代で財を成した成功者でした。彼の事業は国内外で高く評価され、今も多くの人に影響を与えています。

しかし葬儀の日、棺の中に彼と一緒に入れることができたものは、あふれるほどの花だけでした。彼の自慢の豪邸も、買い集めた高価な品々も、築き上げた資産の数々も、どれひとつとして一緒に持っていくことはできません。

聖書にはこう書かれています。「私は裸で母の胎から出て来た。また、裸で私はかしこに帰ろう。」（ヨブ記1章21節）。この言葉は、「人は裸で生まれ、裸で死んでいく」という厳粛な現実を示しています。

その男性の葬儀には、多くの著名人が参列しました。中には、かつての彼の親友であり、名の知れた大学教授もいました。その教授は、長年研究に没頭し、数々の学術的な業績を残した人物でした。しかしここ数年、記憶が衰え始め、認知症が進行していました。かつては鋭い知性で学生や同僚たちを驚かせた教授も、今では自分の過去の業績をほとんど覚えていません。さらには、隣に座る家族さえもわからなくなることがあります。

周囲の人々は口々にこう言いました。「まさかあの教授が……。あんなにも優秀だったのに」。しかし、認知症は誰にでも発症する可能性がある病です。学問の世界で偉大な足跡を残した人でさえ、自分の業績を忘れてしまうこともあるのです。

この2人の姿は、私たちに重要な問いを投げかけます。

「人は死を迎える前に、何を成し遂げるべきなのか？」。

お金や業績は死後に持っていくことができません。しかし、私たちが生きている間に周囲の人々にどのように接し、何を与えたかは、長く人々の心に残ります。大切なのは、どれだけの富を築いたかではなく、誰と時間を過ごし、どんな思い出を共有したかです。

葬儀の後、故人のお孫さんが男性との思い出を語っていました。「祖父はよく僕を膝に乗せて、一緒に昔の写真を見ながら話をしてくれました。仕事の話はあまりしませんでしたが、『家族が一番大事だ』とよく言っていました。その言葉が今でも心に残っています」。

このような思い出は、どんな財産や成功よりも価値のあるものです。誰かの心に残る思いやりのある行動や言葉は、死後も生き続けます。

だからこそ、私たちは今をどう生きるかを真剣に考える必要があります。

やりたいことを後回しにせず、「あのときやればよかった」という後悔を減らす努力が必要です。「今しかできないこと」「やっておくべきこと」を少しずつでも叶えていくことが、限りある人生を最大限に生きる秘訣です。

死ぬときは何も持って行くことはできません。その最後の死を意識し、自分ができることに全力を尽くす。その結果として残るのは、お金や業績ではなく、周りの人々に与えた愛や思い出です。それこそが、人生の本当の意味での成功と言えるのではないでしょうか。

# 第5章

## 私の死生観をちょっと紹介

DEATH
MIND

# 1 「死」を意識すると「今」を輝かせる力が手に入る

人はいつか必ず死を迎えるものです。このことは誰もが知っているはずですが、では実際に、**普段から「自分の死」について真剣に考えている方は、どれくらいいらっしゃるでしょうか。**

私はこれまで、４０００人以上の方々のキリスト教式のご葬儀をお手伝いしてきました。そして、実際に多くの方々と出会い、彼らの人生の最後を見届けることで、「生きることの意味」を真剣に考えるようになりました。

その中で見つけた１つの答えは、「**死を意識することで、自分が本来望んでいた生き方が見えてくる**」ということです。死があるからこそ、人生には限りがあります。その限られた時間をどう使うかで、私たちの人生の輝き方が決まってくるのです。

日本では、多くの方が死を遠ざけて生きているように思えます。そういう方々は「確かに死はいつか迎えるものだけれど、それはずっと先のことであり、今考えることではない」と感じているようです。けれどもそういう方にこそ、ぜひ一度考えてみていただきたいのです。**人生がいつ終わるのかは誰にもわからない、**という点を。

人生の終わりというのは、私たちの力ではコントロールできないところですでに決まっています。クリスチャンはそれを「神の摂理」と呼びます。我々人間の力は及ばず、神が決めていることだからです。

そう言うと、「それならなおさら死を考えても無駄」と思われるかもしれません。また、「どうせ、死んだら全部おしまいなのだから、『今』を面白おかしく生きていればいい。自分のことだけを考えて生きていればいい」と思う方もいらっしゃるかもしれません。

でも私は、「人はいつか必ず死を迎える」という現実をしっかりと受け止めるからこそ、「今」という瞬間が与えられていることのありがたさに気づき、初めて「今」をどう生きるかについて主体的に考えることができるのではないかと思っています。

あるご葬儀で、80歳を超えて亡くなられた方の息子さんとお話をする機会がありました。彼は、お父様がまだ元気な頃にもっと話をしておけばよかった、と涙を流しながら語っていました。「あのとき、父に感謝の気持ちを伝えておけばよかった」「もっと一緒に過ごす時間を増やしておけばよかった」……そういった後悔を抱えていたのです。

このような後悔は、多くの方が抱えるものではないでしょうか。なぜなら、**私たちは「いつか伝えよう」「いつかやろう」と思い続けて、結局その「いつか」が訪れないまま死を迎えてしまうことが多いから**です。

かく言う私も、神学を学んだ身ではありますが、ひとり起業で事業を始めた当初は、目の前のことに必死でした。何とか結果を出さなければと、ひたすらに走り続けていました。

売上を上げるためには毎日が戦いで、正直なところ、死について考える余裕なんてありませんでした。

しかし、多くのご葬儀に携わる中で、死という現実を直視するようになり、自分自身の人生を見つめ直すようになりました。「もし今日が人生最後の日だったら、自分は何をしたいだろうか？」。そんなふうに考えることで、目の前の1つ1つの仕事がいかに大切で、どれほど価値があるのかについて、強く感じるようになりました。

すると次第に、「いつか」ではなく「今」を生きることの大切さを実感できるようになりました。**私たちの人生は「いつか」ではなく、「今」という瞬間の積み重ねによって形作られている、**と改めて気づかされたのです。

ぜひあなたも死から目をそらさず、あえて死を見つめてみてください。そうすれば、「今」という時間がどれだけ貴重で愛おしいものか、深く理解できるようになるでしょう。

人生が有限であることを本当の意味で意識したとき、私たちの生き方は大きく変わります。「死」というゴールがあるからこそ、「生」の素晴らしさと、今日という1日のかけがえのなさを感じられるからです。ただ何も考えずに毎日を過ごすのではなく、**「今、自分は何をしているのか」「誰と一緒にいるのか」「どんな言葉をかけているのか」に意識を向けることで、人生がより鮮やかに輝き始める**のです。

家族や友人と過ごす時間、仕事に打ち込む時間、趣味に没頭する時間……すべてがかけがえのない一瞬一瞬です。決して当たり前のものではありません。**人生の中で本当に大切なことは、そうした瞬間を全力で生きること**ではないでしょうか。

例えば、私があなたに「10億円を差し上げます」と言えば、あなたは「え？ 本当ですか⁉ もちろん、即、もらいます！」と返答するでしょう。しかし、「その代わり、明日、あなたは必ず死にます」と言われたら？ それでもあなたは10億円をもらいますか？ おそらく多くの方は、「明日死ぬのであれば10億円はいらない」ときっぱりと断るはずです。

つまり、あなたの今日という1日、そして明日という1日は、10億円よりも価値があるのです。ですから私は、**今を大切に生きる力を持つことが、人生を豊かにしていくための第一歩**だと感じています。

最後に、私が日々心に留めている言葉をお伝えします。それは、「**今を全力で生きることで、未来が見えてくる**」という言葉です。

死を見つめて生きるというのは、決して悲観的なことではありません。むしろ、死を見据えることで、今という瞬間を輝かせる力を手に入れることができるのです。**死とは生の素晴らしさに気づかせてくれる、究極のスイッチのような存在**とも言えるでしょう。

# 2 自分の人生は自分のためのもの

自分の死をリアルに考えていないと、人生が永遠に続くかのような錯覚に陥ってしまうことがよく起こります。そして、「人生はまだまだ長いのだから、そのために周囲の期待に応えられるように行動しなければ」と考えてしまいがちです。その結果として、自分の本当の気持ちや価値観をないがしろにすることが当たり前になってしまいます。

私は、そうなってしまいそうなとき、「自分の人生は誰のためのものなのか？」「自分の人生の主役は誰なのか？」と考えるようにしています。

皆さんも、時には立ち止まって考えてみていただきたいのです。「誰のための人生なのか？」と。そこで**「自分の人生は自分のためのもの」だと再認識することが、自分の人生**

**を主体的に生きることにつながる**のです。

日本社会では、自己犠牲や奉仕の精神が美徳とされることが多くあります。家族や職場の期待に応えることが最優先され、気づけば「自分らしく」生きることが後回しにされている場合も少なくありません。しかし、「誰のための人生なのか？」という問いを持つことで、世間の目や他人の価値観に縛られず、まずは自分自身がどう感じるか、何を望むのかに焦点を合わせられるようになります。

これは決して、わがままや自己中心的になるという意味ではありません。むしろ、自分を大切にすることで、周囲に対しても自然と優しく接することができるようになります。**自分を満たすことが結果的に、家族や友人、職場の同僚との温かく、良い関係を育てることにもつながる**のです。それが積み重なると、あなたの人生そのものが豊かになります。

逆に、自分の思いを押し殺し、周りの期待に応えようと自分の人生を差し出し続けていると、他の人が自分と同じようにしていないとイライラします。時には、実際にそういう人を批判したり、攻撃したりしたくなります。それは、自分の心の中で「私はこんなに我慢しているのだから、他の人も当然我慢するべきだ」「私は『人のため』に生きているのに、そうしないのはずるい」という思いが、無意識のうちに渦巻いてしまうからです。

こういう生き方をしていると、人生の終わりに「ああ、誰のための人生だったんだろう。もっと自分のために自分の人生を生きたかった」と後悔することになります。それは幸せな結末とは言えません。だからこそ「**誰のための人生なのか？」というのは、心から充実感を持って生きるための重要な問い**なのです。

まずは自分のために生きる。そして、その結果として周りのためにも生きる。そのような心持ちでいることで、より豊かで意味のある人生を歩んでいくことができると私は考えています。

# 3 人様に迷惑をかけない生き方よりも大切な生き方がある

日本では、「人様に迷惑をかけないように生きることが大切」という考え方が深く根付いています。幼い頃から折に触れて「他人に迷惑をかけないように」と教えられた方は多いでしょう。その結果、多くの日本人が、周囲に迷惑をかけないことを美徳として生きています。それ自体は素晴らしいことです。社会の調和を保つために、他人に配慮し、自分の行動を慎むことは重要な価値観です。

しかし、私は時折思います。「**人様に迷惑をかけないように生きること**」が**最も大切なことなのだろうか。もっと重要な生き方があるのではないか**、と。

私は、「自分の命は与えられたものだ」と認識しています。命が偶然に生まれたのではなく、私という存在がこの世に生を受けたのは、神が「その命を使って、全力で生きなさい」と使命を託したのだと考えています。それは私だけではありません。生きる者すべてが、自分にしかできない、他の誰にもできない、「何か」の使命を神から託されているのです。

だから私は、**「人様に迷惑をかけないように生きること」よりも、自分の使命を見つけ、それを全力で果たすことこそが、人生で最も大切な生き方**だと信じています。

私がこの考えに至った背景には、もちろんクリスチャンの家庭で育ち、神学を専門に勉強する機会に恵まれたことも影響しています。しかしそれだけではなく、実際に日常の中で「これこそが自分がやるべきことだ」と気づく瞬間が積み重なって今がある、という経験をしたことが、きっかけとして最も大きいと感じています。

人生には、予期しないチャンスや挑戦の場面に巡りあうことがあります。私はそのとき、迷わず手を伸ばし、受け取り、チャレンジすることが重要だと思っています。無理かもしれない。自分には大きすぎるかもしれない。そう思っても、目の前に掴むべき「使命」が現れたということは、偶然ではなく何らかの意味があるはずだからです。

クリスチャンは「神のなさることは、すべて時にかなって美しい。」（伝道者の書3章11節）という言葉を大切にしています。これは、神が定めた時や計画には、人間の理解を超えた美しさと完全さがあることを示しています。

この言葉は、困難な状況に直面しているときでも、「神の計画には意味があり、最善が用意されている」と信じる力を与えてくれます。また、人生の移り変わりや試練までもが、神の大いなるデザインの一部であり、そのすべてが「時にかなって美しい」という希望を伝えています。

だからこそ、**自分の目の前に現れたチャンスを、精一杯手を伸ばして受け取り、きっと支えてくださる神を信じて、チャレンジをする。そういう生き方をすることが重要**だと考えているのです。

私が30代前半で独立してキリスト教専門の葬儀社を設立したのも、「自分がこうした仕事に目が向いたのは、神がそういう気持ちを私の中に芽生えさせてくださったからだろう。だとしたら私の果たすべき使命はここにある」と考えたからです。周囲からは「今さらキリスト教専門の葬儀社なんて、苦労するばかりだよ」というアドバイスも受けました。それでも私は「自分の中にこういう考えが湧いたということは、神がその考えを私に授けてくださったからに違いない」と信じ、その時その時で、さまざまなチャンスを精一杯、手を伸ばして掴んできました。

だからこそ、20年近くキリスト教専門葬儀社の経営者として仕事を続けることができ、おかげ様でいくつもの支社を出せるほどに成長できている、と信じています。これはもちろん神の計らいであると同時に、それを信じてチャレンジしてきた私を、神が支えてくださったからだと確信しています。

ところが、人はつい「これをやったら人様に迷惑をかけるのではないか」と考え、行動をためらってしまうことがあります。しかし、**「自分の命は与えられたものだ」という視**

**点で考えると、それをすること自体が、自分に託された使命を果たす絶好のチャンス**なのかもしれません。周囲に迷惑をかけることを恐れるあまりにその機会を逃すのは、人生において最も重要な「使命を果たす」というチャンスを、みすみす手放してしまうことになるのではないでしょうか。

もちろん、神に託された使命を果たすのは簡単なことではありません。ハードルはどんどん上がっていきます。だから私も「自分はこれでいいのだろうか」と問いかけない日はありません。この問いによって、自分の選択に迷いや不安を抱くこともあります。しかし、この問いがあるからこそ、自分を振り返り、より良い生き方を追求することができるのだと思います。

**大切なのは、迷いや不安がある中でも、その瞬間ごとに「全力で生きる」こと**です。一瞬一瞬を大切にしながら、与えられた命を最大限に生かす努力をすること。それが、私の考える「人様に迷惑をかけないように生きること」の枠を超えた生き方です。

もちろん、迷惑をかけることが良いと言いたいわけではありません。ただ、**迷惑をかけることを恐れるあまり、自分が本当にやるべきことや挑戦するべきことを諦めてしまうのでは、せっかく与えられた命を十分に生かしきれないのではないか**と考えているのです。

そもそも人は、人生の中で少なからず周囲に迷惑をかけながら生きています。親が子を育てるとき、教師が生徒を導くとき、大人になって新しい挑戦をするとき……どの場面においても、迷惑をかけずにはいられません。しかし、その迷惑の中にこそ、人と人とのつながりが生まれ、感謝の心が育まれるのだと考えています。

私たちは皆、自分の命に託された「何か」の役割を果たすために生きています。その役割は、1人1人違うものです。他の誰にも真似できず、代わりに果たしてもらうこともできません。だからこそ、**1人1人が自分の役割を果たすべく全力で生きることこそが、人生において最も重要なこと**だと私は信じています。

# 4 クリスチャンが共同納骨堂に刻む「我が国籍は天に在り」の意味

日本では、伝統的な墓石には「○○家之墓」と記されるのが一般的です。これには、家族や先祖を大切にし、その血統を受け継ぐ文化が反映されています。しかし近年では、洋風のものや個性的なデザインの墓石も増え、さらには散骨、合葬墓、樹木葬など、多様な埋葬スタイルが注目されるようになりました。こうした変化は、日本人の死生観がより個人にフォーカスされ、多様化してきていることを示しています。

一方、**キリスト教の共同納骨堂でよく見られるのが「我が国籍は天に在り」という言葉**です。この言葉は、『新約聖書』ピリピ人への手紙3章20節に由来しています。クリスチャンの死生観や人生観のもととなるもので、彼らが「天国人」としての意識を持ちながら地上での生き方を形作る、重要な信条となっています。

キリスト教では、地上での生活を「天国への旅路」と考えます。**地上での人生は、あくまで神が与えた時間の中で使命を果たす場であり、最終的なゴールは天国へ帰ること**だとされています。この考え方は、死を怖れの対象として捉えるのではなく、希望に満ちた天国への帰還と捉える信仰によって支えられています。「我が国籍は天に在り」という言葉は、クリスチャンにとって非常に象徴的な言葉なのです。

この視点は、人生において非常に力強い意味を持ちます。それは、人が人生の終わりを迎えるとき、天国での永遠の命に続いていくという希望を抱けるからです。死によって地上で成したことがすべて無に帰すのではなく、その向こうに何かが続くと信じられることで、地上での時間をより意義深いものにすることができます。

この言葉はまた、クリスチャンが**地上においてどのように生きるべきかを示す指針**でもあります。「天国人」としての誇りを持ち、神に与えられた使命に従いながら日々を歩むこと。たとえ困難や試練に直面しても、その先にある天国という故郷を見据え、希望と信仰を持って進むこと。そのような指針が、この言葉には凝縮されているのです。

「天国人」というアイデンティティは、日本人にも理解しやすい部分があります。

例えば、私たちが海外で仕事や生活をするとき、自分が日本人であるという誇りを持ち、文化や価値観を大切にしながら行動することがあると思います。それと同じように、クリスチャンにとっての**本当の故郷は天国であり、地上での生き方はその故郷を代表するもの**だと考えられています。

「我が国籍は天に在り」という言葉は、クリスチャンに限らず、私たちが死生観を見つめ直すヒントを与えてくれます。この言葉に込められた天国への希望や地上での使命感は、現代人が多忙な日常の中で忘れがちな「人生の本質」を思い出させてくれます。

お墓に刻まれる言葉というのは、その人の生き方を象徴するものです。どのような信仰や価値観を持っていたか、何を大切にしていたかを語り続ける、静かなメッセージです。**変わりつつある日本のお墓事情を鑑みると、「我が国籍は天に在り」というキリスト教の価値観は、多様化する日本人の死生観に1つの考え方を提供している**と思うのです。

# 5 「死」は天国への凱旋

クリスチャンの死生観において、死は単なる終わりではありません。前にも触れましたが、死は「天国への凱旋」と捉えられています。この考え方は、死の瞬間を恐怖や絶望ではなく、希望と感謝に満ちたものとして受け止める力を与えてくれます。

では、「天国への凱旋」とはどのようなものなのでしょうか？　そのイメージを深めるために、古代ローマの「凱旋」の概念から考えてみましょう。

古代ローマの時代、**凱旋とは、戦争で大きな勝利を収めた皇帝が、首都ローマに戻る際に行われた壮大な行列**を指します。この行列は、ただの帰還ではなく、「勝利の祝賀」を意味していました。凱旋する皇帝の前には、征服した各地の貴重なものが荷車に飾られ、延々と続きます。金銀財宝、美術品、珍しい動物、さらには征服地の象徴とも言える文化的な宝物が積み込まれ、ローマ市民の目を楽しませました。

街道の両脇に集まった人々は、歓声を上げて凱旋する皇帝を迎えました。「よくやった！」「おかえりなさい！」。そんな祝福と感謝の声が響き渡り、皇帝はその称賛を浴びながら、堂々とローマの中心へ進んでいきます。この行列は、皇帝が成し遂げた健闘と勝利の集大成であり、それを皆で共有する晴れやかな場でした。

クリスチャンにとって、**死はまさに、この古代ローマの凱旋のような「天国への凱旋」**なのです。人生という戦場で自分が果たした役割や使命、乗り越えた試練、築いた人間関係や愛の行いが、凱旋の行列を飾る「土産物」となります。そして天国に帰るとき、神と天使たち、さらに自分より先に天に召された愛する人々が、温かい祝福の声で迎えてくれるのです。

死を「天国への凱旋」とする考え方は、死生観をポジティブなものにするための強力なツールとなります。「よくぞ自分に託された役割をしっかりと果たした！」「愛をもって生きたあなたを歓迎します！」。そんな称賛の声が響く天国のイメージは、死を怖れではなく希望として捉えるための、強い支えとなります。死は地上での生涯の終わりですが、同時に永遠の命へと続く新しい始まりでもあるのです。

この「**凱旋**」**のイメージを深めるときに重要なのは、自分が天国へどんな土産物を持ち帰るかを考えること**です。古代ローマの皇帝が荷車にさまざまな宝物を積んで凱旋したように、私たちも自分の人生で得たものを携えて天国へ向かいます。

では、その土産物とは具体的には何でしょうか？　それは、お金や物質的な成功ではありません。**天国への土産物となるのは、地上での愛の行いや他者への奉仕、信仰を持って生きた証や誰かに残した温かい記憶**です。例えば、困っている人を助けた経験、家族や友人に惜しみなく注いだ愛情、周囲と許し合い、支え合った日々……これらが天国で喜ばれる、最も価値ある土産物だと信じられています。

天国への凱旋を思い描くとき、私たちは「今」をどう生きるべきかを考えずにはいられません。凱旋にふさわしい土産物を用意するためには、今この瞬間の生き方が重要だからです。せっかく凱旋するのに、身一つで宝物がほとんどなかったら？　凱旋とは言えない、寂しい行列になってしまうでしょう。だからこそ、**自分の人生が有限であることを知り、その中で「何を成し遂げたら天国への凱旋を輝かせる宝物になるのか」と真剣に考えることが大切**です。

私たちは日常の中で、つい「また今度」「いつかやろう」と先延ばしにしてしまうことがよくあります。しかし、天国への凱旋という視点を持つと、「今しかできないこと」を見逃さないようになります。誰かに「ありがとう」と言うこと、優しい言葉をかけること、夢に向かって一歩踏み出すこと……これらの行動が、未来の自分を豊かにし、天国への凱旋を彩る大切な宝物となるのです。

そうして、**凱旋という考えは、私たちの生き方そのものをも変える力を持っています。**

それは、ただ「良い人間でいなさい」という教えではなく、「自分の使命を果たすために精一杯生きなさい」という呼びかけになります。天国で「よくやった！」と迎えられるために、今という瞬間を全力で生きることが、凱旋への道を築いていくのです。

**どのような凱旋の行列を作り上げるかは、自分次第**です。きらびやかで皆に喜んで迎えられる行列にしたいか。それとも、身一つで宝物はほんの少し、という行列にしたいのか。すべてはあなたの日々の行動にかかっています。

死を天国への凱旋と考えてみると、人とどのように関わるのか、人生を全力で生きるにはどうするべきかを考え、与えられたチャンスに果敢に挑戦できるようになります。凱旋の考え方を取り入れることによって、そんな人生があなたにも可能になる、と私は心から信じています。

# 6 進化論的な生き方と創造論的な生き方

進化論と創造論――この2つは、しばしば対立するものとして語られます。進化論は、ダーウィンが提唱した「自然選択」による生物の進化の過程を科学的に説明する理論です。一方、創造論は、『旧約聖書』の「天地創造」の物語を中心に、世界や人間が神によって意図的に創造されたという信仰に基づく考え方です。

まず初めにお伝えしたいのは、私は進化論を否定する立場ではないということです。進化論は科学的な事実に基づいた非常に説得力のある理論であり、生物学や自然界の理解において重要な役割を果たしています。しかし、**私がここで考えたいのは、「人生における出来事や意味」を、進化論的な視点で捉えるのか、それとも創造論的な視点で捉えるのか、という問い**です。

**進化論的な生き方とは、人生で起こる出来事を、偶然や環境の変化の結果だと考える生き方**です。例えば、「ある人との出会いは単なる偶然」「成功や失敗はその時々の運や状況次第」といった見方は、進化論的な視点に近いかもしれません。この考え方では、人生は予測できない偶然の積み重ねであり、その偶然にどう適応するかが重要とされます。

進化論的な視点を持つことには、一定の合理性があります。なぜなら、この世界は不確実性に満ちており、誰もが偶然や環境に影響されて生きているからです。実際、多くの人がこの視点で日常を捉え、行動しています。それは決して悪いことではありませんし、柔軟な思考や環境適応能力を高めるために有用です。

一方、**創造論的な生き方とは、人生で起こる出来事に「何かしらの意図がある」と考える生き方**です。『旧約聖書』の「天地創造」の物語に描かれる神が「光あれ」と語り、宇宙の秩序を創り上げたように、人生の出来事1つ1つにも神の意図や計らいが込められていると考えるのが、創造論的な考え方の特徴です。

確かに、『旧約聖書』の「天地創造」の物語をそのまま信じるというのは、なかなか難しいでしょう。しかし私には、人生を生きる中で出会う多くの出来事――人との出会いや試練、失敗や成功――それらがすべて偶然の産物だとは思えないのです。むしろ、それらには何かしらの意味があり、神の計画の中で与えられたものだと感じています。

例えば、大切な家族や友人との出会いを考えると、それがただの偶然の結果とは思えません。それは、私に何かを教えるため、あるいは私が何かを与えるために、神が備えてくださったものではないかと思えるのです。この考え方に立つと、人生のあらゆる出来事は無意味なものではなく、深い意味を持つ「神の計らい」であると解釈されます。

**創造論的な生き方をする上で、私が大切にしているのは、「自分が神の意図にどのように応えるか」という視点**です。神が私たち1人1人に命を与え、使命を持たせてくださったと信じるなら、その使命を果たすことが私たちの最も重要な役割になります。

「光あれ」と語られた神のように、**私たちも与えられた命の中で、自分自身を「光」とし**

**て輝かせる努力をする必要があります。**それは、自分の能力を最大限に生かし、周囲の人々に良い影響を与えることです。さらに、失敗や困難に直面したときにも、「これは神が私に与えた試練であり、成長のための機会だ」と考え、ポジティブに受け止めることが大切です。

私自身、日々「これでいいのだろうか」と自問自答しています。この問いは、人生を無駄にせず、神の意図に応えるための道を探す助けとなります。答えがすぐに見つからなくても、その瞬間ごとの「精一杯」を尽くすことで、神の期待に少しでも応えたいと考えています。

進化論的な視点と創造論的な視点は、決して互いに否定し合うものではありません。むしろ、**両者を補完的に取り入れることで、人生の捉え方がより豊かになる**と感じています。科学的には偶然と思える出来事にも、神の意図が込められていると考えることで、その出来事が持つ意味をより深く理解できるようになります。

例えば、思いがけない失敗や挫折も、「進化論的な偶然」だけでなく、「創造論的な計画」の一部として受け止めることができます。すると、「この失敗や挫折は残念だった。でもこの経験を通して、自分は何を学び、何をこれからに活かせるかを考えることができる。それを神から期待されている。だから、この失敗や挫折は必要なことだったのだ」と前向きに捉えることができます。**この二重の視点は、私たちがどのような状況にあっても希望を見出し、前向きに行動するための大きな力となります。**

進化論的な視点では「環境に適応すること」が重要視されますが、創造論的な視点では「与えられた命を最大限生かすこと」が重要視されます。この違いは小さなものではありません。与えられた命を生かし、使命を全うするためには、目の前の出来事に真正面から向き合い、それに応える生き方が求められるのです。

「人間の命は偶然ではなく、意図的に与えられたもの」という考えは、私たちに大きな責任感と深い喜びをもたらします。私はその喜びをもって、日々の一瞬一瞬を全力で生きていきたいと思っています。

# 7 変わりゆく日本のお墓事情

私がクリスチャンであり、キリスト教専門の葬儀社を運営していることは、これまでお話ししてきた通りです。葬儀社の基本的な仕事は、お亡くなりになった方のご遺体を病院からお迎えし、葬儀に関わる一連の手続きをサポートすることです。教会との連絡調整や式当日の準備、火葬場でのご案内など、葬儀に関わる多くの業務を行います。

最近では、超高齢化の影響もあり、葬儀後の遺品整理や散骨、相続問題など、エンディング産業全体に関わる業務が増えてきました。これからの時代、1人の方の「死」を通して、ますます多くのことに対応していく必要があるでしょう。

その中でも、**特に変化が顕著なのがお墓の事情**です。今、日本のお墓のスタイルが大きく変わっていることをご存じでしょうか?

まず、少子高齢化の影響で「無縁墓」が増加しています。後継者がいなくなることで、2010年には約12万基だった無縁墓が、2020年には約20万基にまで増えているのです。後を継ぐ人がいないだけではありません。墓地の年間管理費は1~2万円程度とされていますが、家族が遠方に住んでいる場合、この費用や維持が負担となり、結果的に放置されるお墓が少なくないのです。

そんな中で、**注目されているのが「永代供養墓(共同納骨堂)」**です。従来、お墓は代々受け継がれていくものでしたが、今では「継ぐ家族がいない」「実家のお墓が遠方で管理できない」などの理由から、永代供養墓を選ぶ人が増えています。2020年時点で、永代供養墓を希望する人は全体の約30%にも達しており、特に都市部でその数は増加傾向にあります。このスタイルは、家族や子孫に負担をかけず、寺院や霊園が管理を引き受けてくれるため、安心感があるのです。

さらに、地球環境への意識や個人主義の風潮が高まる中で、**「樹木葬」や「自然葬」といった自然に還るスタイルのお墓も人気を集めています。**２０１５年には樹木葬を希望する人は約10％でしたが、２０２０年には15％を超えるまでに増加しています。費用も30～50万円程度と比較的安価で行えるため、自然と一体になりたいと考える方々にとって魅力的な選択肢になっています。

一方で、**都市部では墓地不足が深刻**です。東京や大阪などの大都市では、墓地の用地が限られているため、新しく墓を建てることが難しくなっています。そのため、納骨堂やマンション型の「ロッカー式墓地」など、コンパクトな形態のお墓が増えており、今後ますます墓地のスタイルは変化していくでしょう。

エピソード

## 余命3か月の田中さんが取った最後の行動

田中さんが余命を告げられたのは、70代半ばの秋のことでした。地元の中学校でずっと教師として働いた彼は、定年後は自分のペースで穏やかに暮らしていました。しかし、医師から「肺がんが進行しており、余命は3か月」と告げられた瞬間、彼の穏やかな日常は一変しました。

田中さんが最初に考えたのは、「自分はこの3か月で何をすべきだろうか」という問いでした。生きる時間が限られていることを知った彼は、自分の人生を振り返り、後悔を減らすための行動を選びました。それは「感謝を伝える旅」でした。

最初に田中さんが訪ねたのは、かつての教え子でした。彼が40年近い教員生活の間に担当したたくさんの教え子の1人で、今では地元の中小企業を経営する立派な社長です。
その元教え子は、いつも田中さんに会うたびに「先生のおかげで、ここまで来られました」と言ってくれていました。でも田中さんは、お礼を言われるたびに、軽く流してしまっていました。それには理由がありました。実は田中さんは、この元教え子に特別に目をかけたつもりはなく、他の生徒と同様に接した記憶しかなかったからです。また、その元教え子からの温かな心のこもった感謝に、少し照れくさいような気持ちにもなっていました。しかし、余命を知った彼は、「今こそ本当に伝えたいことを言葉にしなければ」と考えました。

元教え子の会社を訪れた田中さんは、こう言いました。

「君がずっと頑張っている姿を見られて本当に嬉しいよ。教師として、俺は決して完璧じゃなかった。でも、そんな俺でも少しでも君の力になれていたなら、それは教師として一番の喜びだ。いつも丁寧に挨拶をしてくれてありがとう。今までそっけなくしていてすまなかったね。なんだか気恥ずかしかったんだよ」。

元教え子は涙ぐみながら、「先生、これからもまだ見守っていてください」と声を震わせました。その瞬間、田中さんは「教師でよかった」と心の底から思いました。

また、田中さんには成人した2人の子どもがいました。教師としての仕事に追われていた彼は、子どもたちが一番自分を必要としていた頃に、子どもたちのために十分な時間を取れなかったことを悔やんでいました。だからこそ、自分の思いをしっかりと伝えるために、彼は手紙を書くことにしました。

「お前たちが小さかった頃、私は仕事にばかり夢中で、父親らしいことをしてやれなかった。それでも、立派に成長してくれたことを誇りに思っている。これからもお互い支え合いながら生きていってほしい。ありがとう」。

その手紙を読んだ息子さんと娘さんは、それぞれ驚き、急いで電話をくれました。「親父がそんな風に思っていたなんて知らなかったよ」と息子さんが照れくさそうに笑い、娘さんは「もっとたくさん話そう」と、3人で会う計画を立ててくれました。数日後、わざわざ田中さんの元にやってきてくれた息子さんと娘さん。久しぶりに3人でたくさん昔話をし、そしてお互いに感謝を伝えることができました。田中さんの限られた時間の中で、家族の絆は確かに深まったのです。

そして、田中さんが最後に向き合ったのは、亡き妻への思いでした。田中さんの妻は、20年前に病気で他界していました。その別れは彼にとって大きな悲しみであり、今でも心の中にぽっかりと穴が空いたままでした。

田中さんは、妻が亡くなった後もずっと取っておいた小さなメモ帳を引っ張り出しました。それは、田中さんと妻との間の伝言メモのような役割を果たしていました。仕事が忙しい学期末になると毎晩帰りが遅くなる田中さんのために、妻は作っておいたご飯の温め方などを細やかに書いてくれました。「いつも遅くまでお疲れ様。今日のご飯はカレーとサラダ。カレーはラップをかけてあるから、そのまま電子レンジで温めてください。サラダは冷蔵庫にあります。あなたの苦手なトマトは少なくしてあるから、それくらいは食べてね」。田中さんは読みながら、もう何十年も前のことなのに、妻の細やかな心配りと茶目っ気に自然に笑顔になりました。

２人で出かけた思い出を、田中さんが走り書きしたメモもありました。思い出といっても、何時に起きて、何時の列車に乗り、いつ到着したか。食べたものは何で、見たものは何か。そんなことが中心でした。「俺のメモはまるで報告書みたいだな」と田中さんは苦笑してしまいました。それでも、中には「妻が『こんなにきれいな夕焼けを、２人で見られて本当に幸せ』と言った。また連れて来たい」というメモもありました。それを読みながら、そのときの風景をありありと思い出し、もう一度そこへ妻を連れて行けなかったことに、今さらながら胸が痛くなりました。

妻からの伝言には、「今日は息子の三者面談でした。先生から第一志望校は大丈夫そう、と言われちゃった！　息子も喜んでいましたよ」「明日の日曜は娘の彼氏が挨拶に来るから、必ず朝早く起きてね」といったものまでありました。こうしてメモを読み返すと、そのときの妻の声までもが蘇ってくるようで、田中さんの心を温めました。

彼は妻のメモリアルコーナ（一般で言う仏壇）に座り、こう語りかけました。

「俺ももうすぐそっちに行くよ。お前が先に行ったとき、俺はまだやり残したことが多くて、ちゃんと見送ることができなかった。でも、今こうして振り返ってみると、お前がいてくれたおかげで俺の人生は本当に幸せだった。ありがとう。そして、また会えるときが来たら、ゆっくり話そうな」。

その言葉を口にしたとき、田中さんの目には涙が浮かんでいましたが、その表情は穏やかで、満ち足りたものでした。

ここまでですでにかなりの体力を使ってしまっていましたが、田中さんにはまだやり残したことがありました。それは「自分の命が生み出したものを誰かに渡す」ことでした。体力の限界を感じながらも、彼はそれまでずっと大切に手入れをしてきた畑から、丁寧に野菜を収穫し、それを近所の人々に配ってまわったのです。

「急にこんなことを言って、驚かれるかもしれません。でもぜひ聞いてください。これが私の最後の収穫です。お世話になったお礼に、どうぞ受け取ってください」。

その言葉に、近所の人たちはみな驚き、悲しみました。けれども最後まで律儀な田中さんを「やっぱり田中先生らしいな」「ちょっとだけお茶でもどうですか。立っていると疲れるでしょう」と笑顔を浮かべて家に招き入れてくれました。田中さんは、近所の人たちに、急に「自分の遠くない死」を告げて動揺させたことを申し訳なく思いながらも、自分なりに感謝の気持ちを伝えられたことに安心しました。そして、近所の人たちとの他愛のないおしゃべりを楽しみました。

田中さんの最後の3か月間は、デスマインドを体現するものでした。死を恐れるのではなく、限られた時間を使って、自分にとって本当に大切なことを実行したのです。その中で田中さんは、感謝の言葉と行動を通じて周囲の人々とのつながりを深め、満足感と安らぎを得ることができました。

最期の瞬間、彼は穏やかに目を閉じました。その姿は、「感謝を伝え尽くした人間」の安らかさを感じさせるものでした。

田中さんの行動が教えてくれるのは、私たちが今、何を大切にし、誰に感謝を伝えるべきかを考えることの重要性です。それを実践することで、人生はより深く豊かなものになるでしょう。

# 第6章

# デスマインドで
# 人生が好転する5つの理由

DEATH
MIND

# 1 デスマインドを持つと、自分の気持ちを大切にできる

これまでも述べてきましたが、私たちは、日々の生活の中で周囲の期待に応えようとしがちです。家族、友人、職場の仲間……周囲の期待に応えることは、円滑な人間関係を築く上で重要な要素です。ただし、時にはそれが原因で、自分自身の気持ちや願いを見失ってしまうことがあります。けれども**デスマインドを意識すると、「限られた時間の中で、自分の気持ちを大切にすること」の重要性に気づき、人生を好転させることができます。**

人が自分の気持ちを後回しにしてしまいがちなのは、なぜでしょうか？

日本では、長らく「自分より人のことを優先させる」という自己犠牲に近い考えが尊ばれてきました。「自分のことは後回しにする」姿勢を評価する土壌が根強くあるのです。

これは、周囲の期待や目の前の義務に追われ、自分の本当の気持ちに向き合う時間を取りにくくさせる要因だと考えています。

さらに、**自分の気持ちを後回しにしてしまう最も大きな理由として、「自分の人生が永遠に続くように感じている」ことがある**のではないかと私は考えています。人生の終わりが見えないから、周囲の期待に応えることや目の前の義務を果たすことが先になり、自分の気持ちを後回しにしてしまうのでしょう。

しかし、デスマインドを持つと、「自分の時間は永遠ではない」という現実に気づかされます。死を意識することは、自分自身の本当の気持ちに向き合う貴重なきっかけとなります。**人生の終わりを意識することで、周囲の期待に振り回されるだけの生き方から抜け出し、自分自身の気持ちや願いを大切にする生き方にシフトできる**のです。

多くの人が死の間際に抱く後悔の1つに、「自分が本当にやりたかったことをしなかった」というものがあります。これは、自分の気持ちを後回しにしてきた結果にほかなりません。デスマインドを意識することで、こうした後悔を減らしていくことが可能になります。なぜなら**死を意識することは、「限られた時間をどう使うか」を考えるきっかけとなるから**です。「自分の気持ちを大切にすること」を日常的な選択肢の中に組み込むことで、人生の最後の「あれをしたかった」「これをすればよかった」という後悔を、少しでも減らすことができるでしょう。

例えば、「本当はもっと休息が必要だ」「もっと家族との時間を過ごしたい」「新しいことに挑戦したい」といった気持ちを無視し続けていると、やがて後悔の種となります。こうした後悔は、死の間際になってから気づくことが多く、「あのときもっと自分の気持ちを大事にしていれば……」という思いが生まれてしまうのです。しかし、デスマインドを持つことで、今この瞬間から自分の気持ちに耳を傾けることができるようになります。

**自分の気持ちを大事にすることは、単なる自己中心的な行動とは違います。**自分が「何をしたいか」「何を望んでいるか」「どうありたいか」を考えるための第一歩です。自分の本心を知ることで、人生の優先順位を明確にし、後悔の少ない選択を重ねていくことができます。

よく「自分の気持ちを優先することは、周囲をおろそかにすることではないか」と考える人がいます。しかし実際には、**自分を大事にすることは、他者を大事にすることでもあります。**自分の気持ちを尊重し、満たされた状態で生きる人は、他者に対しても自然に優しさや配慮を示すことができるからです。逆に、自分の気持ちを抑え込み、周囲に合わせ続けると、ストレスや不満が蓄積し、いずれその影響が人間関係にも表れてしまいます。デスマインドを意識することで、自分の気持ちを大切にしながらも、他者とのつながりを深める生き方ができるようになるのです。

デスマインドを持つことは、自分の気持ちを大事にする生き方を可能にします。それは単なるわがままではなく、自分の人生を全うするための誠実な選択です。限られた時間の中で自分の気持ちを優先することは、結果として他者との関係や人生全体をより豊かにしていくことにつながります。「**自分の気持ちを大切にすること」は、人生の質を高める基本であり、デスマインドが教えてくれる重要なメッセージの1つ**なのです。

## 2 デスマインドを持つと、時間を大切にできる

「時間はすべての人に平等に与えられた唯一の資源」とも言われます。しかし、多くの人が本当に時間の重要性を実感するのは、「自分の人生の持ち時間は限られている」と気づいた瞬間です。その時点に至るまでは、私たちはつい日々の忙しさや日常の流れに身を任せてしまい、本当に大切なことを後回しにしがちです。そんな中で、デスマインドを意識することは、時間を大切にする生き方を可能にし、人生の質を大きく向上させる鍵となります。

あなたには、「いつかやろう」と思っていることはありませんか？ 旅行、趣味、子どもの頃からの憧れだった何かへの挑戦、友人や家族との再会……。それらは本当に「いつ」やるのでしょうか？ **あなたが積極的に行動を起こさない限り、「いつか」という日は永**

**遠に来ません。**あなたが何もしないのに、向こうから「いつか」と思っていたチャンスが転がり込んで、「いつかやろう」と思っていたことがするすると実現する。そんなことはあり得ないのです。

なぜ断定できるのか。あなたはずっと「いつかやろう」と思いながら、実際にはそれをしていません。もしかしたらこれまでにも、「今だ」という瞬間があったかもしれません。それでもあなたは「それはまた、いつか。今じゃない」と思ってきたのではないでしょうか。ということは、まさにあなたが思っていたとおりの「いつか」ドンピシャのオファーが来たところで、「うーん、今じゃなくて、いつか、ね」と先延ばしにしてしまう可能性が限りなく100%に近いのです。「**いつかやろう」というのは、自分がやりたいこと、したいことを「今ではない未来」に先延ばしにしているだけ**です。まるで自分の人生が永遠に続くかのように。

けれども、ここまで述べてきたとおり、人生は有限です。しかも、身体も頭も元気に動く時間というのは、そんなに長くはありません。**何の行動を起こすこともなく、死の間際**

**になって「ああ、あれをすればよかった」と悔やんでも、もう遅い**のです。あなたは、そんな悔いの残る人生の終わりを迎えたいですか？

あるコピーライターが書いた名コピーがあります。「いつかやろうは、バカヤローだ」。言葉は美しくありませんが、これが人生の真実ではないでしょうか？

でも、**もしあなたがデスマインドを持っていたら、「いつか」を「今」に変えられます。**

デスマインドを意識するということは、「自分の死」を直視し、「限られた時間をどう使うか」に向き合うということです。この視点を持つと、「いつかやりたいこと」が「今やるべきこと」へと変わります。それは、デスマインドが、「もし今日が人生最後の日だとしたら、何をするだろう？」と問いかけてくるからです。これに答えようとすると、**日常の中で後回しにしていた「いつか」が突然、「すぐにやるべきこと」として目の前に現れてくる**のです。

例えば、「いつか海外旅行に行きたい」と思っているだけでは、忙しさや金銭的な不安を理由に、動けないまま終わってしまう可能性は高いでしょう。しかし、デスマインドを持つと、「その『いつか』を『本当』にするために、今すべきことは何か？」という具体的な行動に目が向きます。結果として、貯金を始めたり、休暇の計画を立てたり、現地の様子を調べたりと、小さな一歩が踏み出せます。

こうしてデスマインドは、「いつか」を実現するきっかけになります。そして、「いつか」を実現したら、その先に待っているのは、単なる達成感だけではありません。それは人生における充実感そのものです。**「やりたいことをやった」「大切な人と過ごせた」という体験は、後悔を減らし、未来に希望を持てる自分を作り出します。**

また、「いつか」の実現は、思いもよらなかった新たな可能性を切り開くことにもつながります。例えば、ずっと興味があった分野に挑戦することで、新しい経験や人間関係が得られるかもしれません。さらに、こうした「いつか」の実現が重なれば、人生全体の質が上がります。**「いつか」を実現することは、多くの価値を人生にもたらす**のです。

デスマインドを意識することで、「いつか」が「今」に変わると、日々の時間の使い方に対する意識も変わります。**日常生活においても、「この時間をどう使うべきか」を考える視点が自然に生まれる**のです。

例えば、これまで漫然とテレビやスマホを見て過ごしていた時間が、家族との会話や趣味の時間に変わるかもしれません。仕事に追われていた時間が、自分の成長やリフレッシュのための時間になることもあるでしょう。

あなたは、大切な家族や友人と過ごす時間、趣味に打ち込む時間、そして何気なく過ごすひとときすらも、実はとても価値のあるものだと気づいていらっしゃいますか？

自分の人生がいつか終わりを迎えると意識することで、こうした時間がどれだけ素晴らしいものかに気づくことができます。日常の中で「こんなことは当たり前」と見過ごしてしまいがちな瞬間も、死を意識することで「この瞬間は二度と戻らない貴重な時間だ」と思えるようになります。

**デスマインドは、「あなたの人生で何を捨て、何を大事にするべきか」を教えてくれるのです。**

あるとき、私がご葬儀で対応した故人の男性は、長い人生をかけて家族を支えてきた方でした。彼は、家族や友人との時間を何よりも大切にし、最期の時には「本当に幸せな人生だった」と微笑んでいたとご家族から伺いました。

こうした方に出会うたびに、「自分の人生もこのようでありたい。そのためには、地味なことの連続でも、その一瞬一瞬を大切にしていきたい」と強く感じるのです。

# 3 デスマインドを持つと、出会えた人を大切にできる

デスマインドとは、死を意識し、限られた時間の中で何を大切にすべきかを見極める生き方を指します。この考え方は、自分の人生だけでなく、他者との関係をより深く、意味あるものに変える力を持っています。

私たちは普段、人と別れるときに「またチャンスがあったら会えるだろう」と当たり前のように思い込んでいます。しかし、デスマインドを意識すると、その思い込みがいかに危ういものかに気づかされます。なぜなら、**人生に限りがあるのは自分だけではなく、相手にも同じことが言えるから**です。

例えば、家族や友人と何気ない会話をした後、「次はいつ会えるかな?」と軽く考える

ことがあると思います。しかし、その「**次**」**が必ず来るという保証はどこにもない**のです。「次」は永遠に来ない可能性だってあります。突然の事故や病気、感染症の蔓延、天災といった、私たちのコントロールを超えたさまざまな要因によって、再会できなくなる可能性は大いにあるのです。

この事実に気づくと、目の前の1人1人との会話や時間がいかに貴重で、かけがえのないものかが見えてきます。**「次に会える保証はない」という意識は、私たちが出会えた人をより大切にするための大きなきっかけとなる**のです。

「この人とは、もしかしたら二度と会えないかもしれない」。もしそんな考えがよぎったら、あなたはその人との時間をどう過ごすでしょうか？　忙しさにかまけて気のない返事をしたり、話しながらスマホをいじったりしますか？　おそらくしないと思います。

また、自分から相手に告げておきたいことを「まあ、後でもいいや」と、言わずにすませることもしないでしょう。

それは、目の前の相手との時間の一瞬一瞬が貴重なものに感じられるようになり、精一杯の気持ちを伝えたいと思うようになるからです。

デスマインドを意識すると、このような考え方が日常の人間関係に自然と浸透します。例えば、友人に「いつもありがとう」と伝えたり、家族に「ごめんね」と素直に謝ったりすることが、ためらいなくできるようになります。

こうした行動を積み重ねることで、周囲の人との関係は、表面的な付き合いにとどまらず、心から互いを信頼し合えるものになっていきます。その結果、**あなたの周囲には、あなたを大切に思う人々が集まり、人生がより豊かになる**のです。

普段から「この人とはこれが最後の会話かもしれない」と思いながら付き合うことは、一見悲観的に思えるかもしれません。しかし、実際にはその考え方が、相手との関係をより濃く、より深いものにしてくれるのです。

**濃くて深い関係性を築くことができれば、あなたは人生のあらゆる場面でその恩恵を受けることでしょう。**困難に直面したとき、周囲の人が手を差し伸べてくれることでしょう。喜びを分かち合いたいとき、真に共感してくれる仲間がそばにいることでしょう。デスマインドを持つことで生まれる人間関係は、あなたの人生を好転させる原動力となります。

また、**人を大切にする生き方をしている人は、自分自身の心にも満足感を抱きやすいものです。**「自分は誠実に人と向き合ってきた」という自信は、人生を振り返ったときに後悔を減らし、より良い未来を描くための土台となります。

デスマインドを持つことで、人を大切にする生き方が自然と身につきます。それは、単なる相手への配慮ではなく、自分自身の人生をより良いものにするための重要な姿勢でもあるのです。

人生に限りがあるという事実は、決して悲しむべきことではありません。それはむしろ、今この瞬間の価値を教えてくれる、かけがえのない教訓です。人を大切にする生き方を選び取ることで、あなたの人生はより充実したものへと変わるでしょう。

私たちの人生には終わりが必ず来るということ。こうした意識を持つことで、人との関係も大きく変わっていきます。なにしろ、**お互いに生きていなければ、一緒に時間を過ごすこともできません。**日々の何気ない瞬間を大切にすることで、自分が生きている意味や人生の目的までもが明確になっていくのです。

# 4
# デスマインドを持つと、感謝の気持ちを伝えられる

感謝の気持ちを伝えることとは、人間関係を深め、人生を豊かにするための重要な行動の1つです。しかし、私たちは日常生活の中で、何かと理由をつけて、感謝を表すことを後回しにしがちではないでしょうか？　忙しさや慣れ、あるいは照れや遠慮が、行動を妨げる原因となっていませんか？　でも、ここで**デスマインドを意識すると、感謝を伝えることの本当の大切さに気づき、実践する力を得られます。**

先に述べたとおり、私たちは普段、「また会える」「次がある」という前提で人と接しています。しかし、デスマインドはその前提を疑問視させます。人にはそれぞれ寿命があり、自分だけでなく相手にも限られた時間しか与えられていません。この事実に気がつくと、「次に会ったときにお礼を言おう」という考えが、いかに危ういかがわかります。

「忙しいからお礼は後で言えばいい」「家族だからいちいち感謝を伝えなくてもわかるだろう」「ありがとうを伝えるなんて照れくさい」といった考えでは、気づかないうちに大切なチャンスを失ってしまうかもしれない、と理解できるようになるのです。

**デスマインドを持つと、感謝のタイミングを逃さない心構えが自然と身につきます。**「次はないかもしれない」という意識は、目の前の人への感謝の気持ちをその場で伝える大切さを教えてくれます。

例えば、友人が自分のために時間を割いてくれたとき、同僚が仕事を手伝ってくれたとき、家族が当たり前のように家事をこなしてくれているとき……こうした場面で感謝の言葉をすぐに伝える習慣が生まれます。「ありがとう」という言葉を伝えるのに特別な機会を待つ必要はありません。気づいたその瞬間に感謝を言葉にすることで、相手との関係が一層深まります。

普段から感謝の気持ちを周囲にタイムリーに伝えている人は、自然と周囲から喜ばれる存在になります。誰かに感謝されると、相手は「自分の行動が役に立った」と感じ、さらにその人のために何かをしてあげたいという気持ちが生まれます。**感謝の連鎖は、ポジティブな人間関係を築く基盤となる**のです。

家族や友人との間で感謝を伝え合うと、その関係はより温かく、信頼に満ちたものになります。職場でも、後輩や同僚、上司に感謝を伝えることで、円滑なコミュニケーションが生まれ、チームの一体感が高まるでしょう。このようにして感謝を伝える人は、周囲に愛され支えられる存在となり、人生全体が好転していくのです。

もう1つ、感謝を伝えることの重要な効果があります。それは、**人生の終わりにおいて「言っておけばよかった」という後悔を減らし、心を安らかにしてくれるという効果**です。

多くの人が死の間際に抱く後悔の1つに、「もっと感謝を伝えていればよかった」というものがあります。生前に感謝を伝えることを怠ると、死が近づいたとき、その未達成の事柄が自分自身を苦しめる原因となるのです。

デスマインドは、その後悔を未然に防ぐ手助けをしてくれます。「次があるとは限らない」という意識は、感謝の言葉を先延ばしにすることをやめさせてくれます。そして、生きている間に感謝を伝え尽くすことができれば、最期の時に「やり残した」と思うことが少なくなり、心穏やかに人生を閉じることができるのです。

「感謝は人間関係の潤滑油」と言われますが、デスマインドを通じてその大切さに気づくことで、より深い人間関係を築き、後悔の少ない生き方を実現できるのです。

# 5 デスマインドを持つと、「今」の価値が初めてわかる

私たちは、普段の生活で「死」について深く考えることはなかなかありません。多くの場合、明日も来週も来年も、これまでと変わりなくずっと続くと信じて過ごしています。

しかし、人生は決して永遠ではなく必ず終わりを迎えるものだということは、皆さんはもうご承知のことと思います。この事実を真正面から見つめたとき、私たちは初めて「生きている今」の価値を実感することができるのではないでしょうか。

現代の私たちは、未来を見据えることに大きな価値を置いています。「いつか実現したい夢」「将来の計画」「数年後の目標」……こうした未来志向は、人生を充実させるための重要な視点です。しかし、その一方で、**未来を優先するあまり、目の前にある「今」をな**

**いがしろにしてしまうことも少なくありません。**

例えば、「家族と一緒に過ごしたい」と思いながらも、仕事やスマホに気を取られて、大切な瞬間を見過ごしてしまうことはありませんか？　また、「本当にやりたいことはあるけれど、忙しいから後回しにしよう」と、自分の気持ちを押し殺してしまうこともあるでしょう。こうした日常の中でデスマインドは、目の前の「今」の瞬間を見つめ直すきっかけを与えてくれます。

私は、これまで数多くのご葬儀をお手伝いしてきました。その中で、亡くなった方々が残していくものについて、考えさせられることが何度もありました。**ご遺族にとって価値があるのは、亡くなった方の「お金」や「モノ」ではなく、その方がこれまで築いてきた人とのつながりや、過ごしてきた時間、そしてその方の生き方そのもの**なのです。

「生き方」というのは、何か1つの大きな出来事で決まるものではありません。それは、日々の「今」の積み重ねで決まります。誰かと交わした何気ない会話、一緒に過ごした時間、優しい言葉や行動、ごく当たり前の日々の愛ある行動が、亡くなった方の価値を象徴するものとして残るのです。

デスマインドを持つと、「この瞬間を大切にしよう」という気持ちが芽生えます。それは、「将来のために準備すること」を否定するものではありません。むしろ、「未来のために努力する」ことと「今を大切に生きる」ことは両立します。**死を意識することで、未来への努力が「今」に根差した行動となり、より実りあるものになる**のです。

例えば、子どもが「一緒に遊ぼう」と声をかけてくれたとき、これまでであれば「今は忙しいから後で」と断っていたかもしれません。しかし、「今この瞬間が子どもの成長の一部であり、二度と戻らない時間だ」と考えることで、その時間を大切にする選択ができるようになります。

「今」の価値を認識することは、人生の質を根本的に変える力を持っています。デスマインドを持つことで、ここまで挙げてきた4つの行動を取ることができるようになります。

・自分の気持ちを大切にできる
・時間を大切にできる
・出会えた人を大切にできる
・感謝の気持ちを伝えられる

こうした行動が積み重なることで、私たちの人生は必ず、より充実したものへと好転していきます。

デスマインドは、「今」を輝かせるための視点を私たちに与えてくれます。私たちは誰もが限られた時間を生きています。その時間を、ただ過ごすのではなく「今」に集中して生きることで、人生全体を豊かにすることができるのです。

「生きている今」という瞬間が、どれだけかけがえのないものか。それに気づいたとき、私たちの人生はより深く、より充実したものに変わるでしょう。**デスマインドが教えてく**

**れるのは、私たちが手にしている「今」という宝物を、大切にすることとの意味**なのです。

今を生きるということは、決して大きなことを成し遂げることだけを意味するのではありません。日常の中で笑顔になれる瞬間や、誰かと心を通わせる時間、そして自分自身が心地よいと感じる時間を大切にすることも、今を生きることの一部なのです。むしろ、そういった小さな瞬間の積み重ねこそが、あなた自身の人生を豊かに彩るものだと強く感じています。

# 6 「死」を意識することで人生が好転する不思議

ここまで読まれてきて、いかがでしょうか？ 多くの人にとって、人生を考えるときに「自分の死」を意識することは少なく、ともすれば、考えないようにしているのが実情ではないかと思います。

人は未体験である「死」を怖いもの、避けるべきものとして捉えがちです。さらに日本の文化では、「死」について語ることは「縁起でもない」とされ、タブー視されることもあります。

しかし、ここまで読んでいただいて、**自分の死を考えることは、自分の人生を確実に好転させるきっかけになる**ということを、ご理解いただけたのではないでしょうか。

私たちは、現在の年齢にかかわらず「自分の人生にもいつか終わりが来る」という現実に向き合うことによって、これまで当たり前だと思っていた日常の大切さや、限られた時間をどう生きるかということについて、深く考えられるようになります。

**「死」を見つめるということは、今、この瞬間をどう生きるか、何を大切にするかという視点を得ること**でもあります。人生が限られていると知るからこそ、未来をより明るくするための道筋が見えてくるのです。

このように、どんな年齢でも自分の死を意識することで、今に集中し、〝全力で生きる力〟が生まれます。その結果として、人生が好転していくのです。

私たちの人生には限りがあり、その限りある時間をどう使うかについては、私たち自身の選択にかかっています。忙しい日々の中でも、ほんの少し立ち止まって「今、自分は何を感じているのか」「誰と一緒にいたいのか」「何を伝えたいのか」を考え、実行することで、人生はより豊かになっていきます。

私たちの「今」は、一度しかありません。時間はどんどん過ぎ去り、過去に戻ることはできません。だからこそ、**今この瞬間をどう生きるかを真剣に考えることで、未来の自分にとってかけがえのない人生を築くことができる**と、多くの人の死が私に教えてくれました。

自分はいずれ必ず死ぬという現実を想像することは、決してネガティブなことではありません。それは「今を大切に生きる」ということの裏返しなのです。人生のタイムリミットを意識することで初めて、生きていることのありがたさを実感し、「今」という瞬間に大きな価値を見出すことができるようになります。そして、その「今」を積み重ねていくことが、あなたの人生をより意義深いものにしていくのです。

どうか、今のこの瞬間を大切にしてください。**未来は不確かですが、「今」の積み重ねが確かなものである限り、あなたの人生は必ず輝くものになる**でしょう。

自分はいつか必ず終わりを迎える存在であるということを受け入れると、「今」の価値がはっきりと見えてきます。その価値をしっかりと見つめ、精一杯生きていくことが、今を生きる私たちにとって何よりも大切なことなのです。

# おわりに

本書を手に取ってくださり、まことにありがとうございます。この部分を読んでくださっている皆さんは、きっと本書をじっくり読んでくださった方か、あるいは「著者が最後にどんなことを語るのか」と興味を抱き、「おわりに」から読んでくださっている方のいずれかだと思います。どちらであっても、本書に関心を寄せ、手に取ってくださったことは、私にとっては大きな喜びであり、深い感謝の念に堪えません。

さて、著者である私、野田和裕は、今年で51歳を迎えます。人生の折り返し地点を過ぎたこのタイミングで「デスマインド」というテーマについて執筆する機会を得られたことは、私自身にとっても非常に意義深い経験となりました。本書の中で私は、生きること、死ぬこと、そして「死を見つめながら、どう生きていくか」というテーマについて、さまざまな視点から語ってきました。それは、葬儀という仕事に携わる者として、多くの「人生の最後の瞬間」を見てきたからこそ、皆さんに伝えたい強い思いがあったからです。

私自身、あとどれほどの人生が残されているかわかりません。健康寿命と平均寿命から見て、仮に30年前後生きられるとしても、いずれはこの世を去る日が必ずやってきます。それは、私だけでなく愛する家族や親しい人々、そして読者の皆様方にも平等に訪れる現実です。このことについては、本書の中で十分に語りましたので、ここでは繰り返しません。ただひとつ、改めて認識してほしいことがあります。それは、今この文章を読んでいるあなたは、呼吸をし、生きているという現実です。

生きているからこそ、この文章を読むことができる。当たり前のことのように思えるかもしれませんが、決して当たり前ではありません。今生かされている、この目の前にある瞬間がどれだけ尊いか。ぜひこの現実を改めて感じてほしいのです。もしかしたら、本書があなたの手に届いたとき、著者である私はすでに天国へ凱旋しているかもしれません。それほどまでに、人間の生と死は神秘的であり、私たちの計画ではコントロールできない領域なのです。だからこそ、死を見つめることで、今という時間を全力で生きることの大切さを、私は1人でも多くの方に伝えたいのです。

さて、本書を形にするにあたり、多くの方々のご支援がありました。まず、ネクストサービス株式会社の松尾先生並びに関係者の皆様、出版を志すたくさんの仲間の皆さんには、親身に私の話を聞いていただき、アイデアを具体化するサポートをしていただきました。そして、私の「デスマインド」のテーマを本の形に仕上げてくださった、ぱる出版の和田社長をはじめ、編集者の岩川さんや営業の皆様には、書籍の構成やプロモーションにおいて多くの助言をいただき、最後まで丁寧に伴走していただきました。皆様方のご尽力がなければ、本書が世に出ることはなかったでしょう。本当にありがとうございました。

また、家族への感謝も忘れません。いつも私を支え、理解し、時には厳しい意見をくれる妻と子どもたちの存在は、私にとって最大の励みです。そして、私が代表を務める株式会社ライフワークスのスタッフの皆さん。日々、会社を支え、現場を守ってくださる皆さんがいるからこそ、私はこうして執筆に集中することができました。この場を借りて、深く感謝を申し上げます。

そして、本書を手に取ってくださった読者の皆様に、改めて心より感謝申し上げます。

人生は有限です。その中で、どのように時間を使い、何を大切にして生きていくか。それを決めるのは他の誰でもない、あなた自身です。死を意識することで、これまで当たり前だと思っていた人間関係がより深まり、大切な時間を共にする人が明確になることもあるでしょう。本書が、少しでもあなたの人生の生き方を見つめ直すきっかけとなり、未来の選択を後押しするものであったとすれば、著者としてこれ以上の喜びはありません。

『人生を全力で生き抜くためのDEATH MIND―デスマインド―』が、あなたにとって人生の新たな旅路の始まりとなることを心から願っています。そして、これからのあなたの人生が、限りある時間の中で光り輝くものであるよう心から祈っています。

雑踏の人混みの中で、誰もが自分なりの生きる意味を模索しているのでしょう。そんな日常の一片に想いを馳せながら、今、私は筆を置きます。

スターバックスの一隅にて……

野田和裕

**野田 和裕**（のだ・かずひろ）

葬儀終活実践アドバイザー／株式会社ライフワークス代表取締役

1974年福島県生まれ。東京基督教大学神学部卒業。祖父は、甲子園出場で有名な聖光学院高等学校の創設者。祖父の代よりキリスト教の精神に則った教育・福祉関連事業（全国40事業所、従業員数1000人）を展開する実業家一族に育ち、幼少の頃からキリスト教精神を学ぶ。

2006年、31歳でキリスト教に特化した葬儀会社を創業。これまでに延べ4000人の葬儀をサポートし、創業20年目を迎える。現在、鎌倉・京都・大阪・東京の4オフィスまで事業を拡大し、日本最大のキリスト教葬儀社となっている。

セミナー実績は、日本全国のキリスト教系の団体500ヶ所で開催、延べ1万人が参加し、わかりやすい内容で定評がある。キリスト教系メディアでの取材も多く、クリスチャン経営者として国内で高い知名度を誇るひとりである。

著書に『ビジネスで勝ち抜くための聖書思考』（ぱる出版）がある。


人生《じんせい》を全力《ぜんりょく》で生《い》き抜《ぬ》くための DEATH MIND《デスマインド》 −デスマインド−

2025年5月2日　　初版発行

著　者　野　田　和　裕
発行者　和　田　智　明
発行所　株式会社　ぱる出版

〒160-0011　東京都新宿区若葉1-9-16
03(3353)2835－代表　03(3353)2826－FAX
印刷・製本　中央精版印刷(株)
本書籍に関するお問い合わせ、ご連絡は下記にて承ります。
https://www.pal-pub.jp/contact



ISBN978-4-8272-1504-5　C0034